Workvolution: In 5 Minuten Kultur verändern

Christina Hübschen · Cornelia Lass ·
Julia Opardija

Workvolution: In 5 Minuten Kultur verändern

Tipps und Tricks zur
Arbeits(R)evolution – nicht nur für
Führungskräfte

Christina Hübschen
Freienbach, Schweiz

Cornelia Lass
Zürich, Schweiz

Julia Opardija
Zürich, Schweiz

ISBN 978-3-658-45512-5   ISBN 978-3-658-45513-2   (eBook)
https://doi.org/10.1007/978-3-658-45513-2

Die Deutsche Nationalbibliothek verzeichnet diese Publikation in der Deutschen Nationalbibliografie;
detaillierte bibliografische Daten sind im Internet über https://portal.dnb.de abrufbar.

Planung/Lektorat: Stefanie Winter
Springer Gabler ist ein Imprint der eingetragenen Gesellschaft Springer Fachmedien Wiesbaden GmbH
und ist ein Teil von Springer Nature.
Die Anschrift der Gesellschaft ist: Abraham-Lincoln-Str. 46, 65189 Wiesbaden, Germany

Vorwort

Lieber Leser, liebe Leserin!
Schön, dass du Teil der Arbeits(R)evolution bist.
Wir wünschen dir viel Spaß, neue Erkenntnisse und Lust aufs Ausprobieren.

Worum geht es in dem Buch
Workvolution gibt Tipps und Tricks rund um das Thema Arbeitskultur. Ohne wissenschaftlichen Anspruch, einfach und kurz geschrieben. Konkret geht es darum, Führungskräften, aber auch jedem einzelnen Mitarbeiter in 5 Minuten einfache Mittel vorzustellen, nachhaltigen Einfluss auf die Arbeitswelt in ihren Unternehmen auszuüben. In kurzen Abschnitten werden die neue Arbeitswelt, die neue Rolle von Führung und Methoden der Zukunft vorgestellt, um dann konkrete Beispiele zu geben, was das nun für Unternehmen bedeutet und wie man das erreichen kann.

Was das Buch ist
Es ist keine wissenschaftliche Abhandlung. Wir geben unsere Sicht der Dinge wieder. Wir haben vieles erlebt, noch mehr gesehen, vieles

ausprobiert. Würden wir unsere eigene Firma gründen, würden wir all das Geschriebene anwenden wollen. Denn wir glauben: Vieles sollte heutzutage anders gemacht werden und eigentlich wäre es gar nicht so schwer, den Anfang zu wagen.

Was wir bieten

Kurze, knappe Kapitel. Der Leser kann in 5 Minuten mehr zu bestimmten Themen erfahren. Vielleicht auch mehr, da kommen die Quellenverweise ins Spiel. Wir bieten eine Reihenfolge und bleiben doch ganz frei. Gelesen werden kann im Zug, im Tram, am Frühstückstisch oder abends vor dem Einschlafen. Unsere Start Small-Übersichten sollen als Inspiration und praktische Anleitung dienen.

Gendern, ja/nein?

Schreiben wir das Buch nun mit Gender*Sternchen oder gar in der weiblichen Form? Oft haben wir darüber gesprochen und auch diskutiert. Am Ende haben wir uns hinsichtlich der besseren Lesbarkeit (und Vereinfachung des Sprachduktus) darauf geeinigt, nur eine Form der Geschlechter zu verwenden, nämlich die männliche. Dabei sind stets alle geschlechtlichen Identitäten mitgemeint. Wenn wir in bestimmten Kapiteln die weibliche Form benutzen, ist das bewusst so gewählt.

Der Einstieg in das Buch

Warum ist eine gesunde Arbeitskultur von entscheidender Bedeutung? Die Arbeitskultur ist der unsichtbare Motor, der den Erfolg von Unternehmen antreibt. Sie beeinflusst nicht nur die Produktivität der Mitarbeiter, sondern auch deren Zufriedenheit und Engagement.

Eine starke Arbeitskultur ist nicht nur ein Markenzeichen erfolgreicher Organisationen, in dem sie talentierte Mitarbeiter anzieht, die Innovationsfähigkeit erhöht und die Wettbewerbsfähigkeit steigert.

Sondern in einer positiven Arbeitskultur fühlen sich Führungskräfte und Mitarbeiter ermutigt, neue Ideen auszuprobieren, ohne die Existenz des Unternehmens aufs Spiel zu setzen. Hier können neue Ansätze entwickelt und getestet werden, ohne „alles aufs Spiel zu setzen" und es kann sicher experimentiert werden. Denn die Arbeitswelt entwickelt sich ständig weiter und eine positive und flexible Arbeitskultur ermöglicht es Unternehmen, sich anzupassen, ohne die gesamte Strategie ändern zu müssen.

Die Workvolution der Arbeitskultur kann leicht beginnen, wenn Unternehmen und Führungskräfte bereit sind, alte Denkmuster abzulegen und neue Wege zu beschreiten. Und das geht oft ganz einfach. Es erfordert ein Umdenken in Bezug auf die Arbeitswelt und die Rolle von Führung. Dabei können Methoden der Zukunft eine entscheidende Rolle spielen, wie Unternehmen in der Zukunft erfolgreich sind und wie Mitarbeiter ihre Arbeit erleben und gestalten.

Es ist an der Zeit, diese (R)evolution beziehungsweise Workvolution aktiv voranzutreiben, um die Zukunft der Arbeit zu gestalten.

Danksagung

Unser Buch ist da. Merci, danke vielmals, 1000 Dank an:

- Andreas Mäder, Admir Opardija und Steivan Pitsch: Unsere Partner. Alle haben an uns geglaubt, uns den Rücken gestärkt und beratend unterstützt.
- Beate Endres für das Lektorat.
- Fabienne Scholz-Kaiser für die Textredaktion.
- Jun Han Chin (junhanchin.com) für das Umsetzen unserer Ideen in Illustrationen.
- Marion Wolff für den Workshop.
- Rebekka Wood für die Autorinnen-Fotos.
- Vielen Mitarbeitern, Führungskräften und CEOs, die wir in über 60 Jahren geballter Erfahrung erleben durften, da diese ungeahnt zur Entstehung des Buches beitrugen.

Über die Autorinnen

Cornelia Lass, Julia Opardija und Christina Hübschen (v. links).
Wir kennen die Corporate genauso wie die Start-Up Welt. Wir haben im internationalen Umfeld umfangreiche Erfahrung im Bereich Führung und Unternehmensentwicklung gesammelt. Vor Jahren haben wir uns in einer Unternehmensberatung kennengelernt, oft mit-

und nebeneinander gearbeitet, in verschiedenen Teams und Initiativen. Unsere Wege kreuzen sich seitdem immer wieder. Wir nutzen uns als Netzwerk und Sounding Board für neue Themen im Personalbereich. Wir teilen die Begeisterung für neue Arbeitsformen. Wir lieben Herausforderungen und Diskussionen im Personal- und Unternehmensbereich. Wir glauben, dass man vieles anders machen kann – und das relativ schnell, ohne große Komplexität.

Weitere Informationen zu uns findet man auf unserer Homepage: www.workvolution.io.

Inhaltsverzeichnis

1

Die neue Arbeitswelt

Zusammenfassung Dieses Buchkapitel erkundet die sich rasant wandelnde Arbeitswelt, geprägt durch technologische Fortschritte und neue Organisationsmodelle. Es zeigt, wie mutige Führungskräfte und innovative Personalabteilungen die Herausforderungen dieser Ära aktiv gestalten können. Der Begriff „New Work" und dessen Bedeutung für moderne Unternehmen wird detailliert erläutert. Der Fokus liegt auf der Gewinnung von Top-Talenten durch einen klar definierten Unternehmens-Purpose, welcher als essenziell für den Erfolg betrachtet wird. Zudem werden verschiedene revolutionäre Organisationsansätze wie Holakratie, Soziokratie und das Spotify-Modell vorgestellt, die traditionelle Hierarchien ersetzen. Die Teal-Bewegung, die auf Selbstmanagement und Ganzheitlichkeit setzt, wird als zukunftsweisender Führungsstil beschrieben. Die Auswirkungen der Corona-Pandemie auf Führung, Home-Office und Resilienz werden ebenso behandelt. Schließlich bietet das Kapitel eine Analyse der „Great Resignation" und ihrer Folgen, inklusive neuer Machtverhältnisse und innovativer Ansätze in Vorstellungsgesprächen. Mit einer Mischung aus Humor und Inspiration liefert dieses Kapitel wertvolle Denkanstöße und praktische Empfehlungen für eine erfolgreiche Navigation durch die neue Arbeitswelt.

© Der/die Autor(en), exklusiv lizenziert an Springer Fachmedien Wiesbaden GmbH, ein Teil von Springer Nature 2024
C. Hübschen, C. Lass und J. Opardija *Workvolution: In 5 Minuten Kultur verändern*, https://doi.org/10.1007/978-3-658-45513-2_1

1.1 Digital, global und immer schneller. Menschlich und vernetzt

Die Gesellschaft im Sprung auf eine neue evolutionäre Stufe
Unsere Welt verändert sich. Jeden Tag und in allen Lebensbereichen. Und es geht rasend schnell. Neue Technologien treiben diese Veränderungen voran. Laut Frédéric Laloux (2016), Autor des wegweisenden Buches „Reinventing Organizations", befinden wir uns gerade inmitten eines Sprungs auf eine neue evolutionäre Ebene. Gemeint ist damit eine große, radikale Veränderung in der gesellschaftlichen Entwicklung, wie sie beispielsweise die industrielle Revolution bedeutete. Was immer jetzt kommt, es kommt größer, und es kommt schneller. Und wir sind mittendrin. Der Wandel schlägt auf alle Lebensbereiche durch. Er wird gesellschaftliche Strukturen verändern, Werte, Moral und Ethik neu definieren. Wir leben im digitalen Zeitalter.

Auch die Arbeitswelt ist davon betroffen – und das nicht wenig.

» Organisationen sind gezwungen, sich weiterzuentwickeln.

Hier kommen Führungskräfte und Personalabteilungen ins Spiel. Wir sind es, die an der Schaltstelle für Organisationsstrukturen und Arbeitswelt sitzen – wir sind Schlüsselfiguren! Wenn wir diese Verantwortung nicht genau jetzt wahrnehmen, dann werden wir zu Randfiguren, die zu Recht vom Spielfeld fliegen. Aufhalten lassen sich die Veränderungen nicht mehr. Aber sie lassen sich gestalten. Mit diesem Buch wollen wir einen Beitrag dazu leisten.

Digital, global und immer schneller
Überlegt mal kurz: Wie sah unser Smartphone in den Achtziger- und Neunzigerjahren aus? Ganz genau: bescheiden, denn da gab es noch gar kein Smartphone, wie wir es heute kennen. Das ist aber die Zeit, in der viele der heute bekannten Führungsinstrumente eingeführt wurden

oder bereits existierten. In einer Zeit also, in der wir zum Teil unsere Lieblingssongs auf Kassette aufnahmen und uns die ersten CDs kauften. Seitdem ist viel passiert.

Das Internet begann seinen Siegeszug und die E-Mail ersetzte den Brief. Das Potenzial von Yahoo hatte kaum einer auf den ersten Blick erkannt („Was soll ich denn da suchen?"). Im Jahr 2007 kam das erste iPhone auf den Markt, ein Meilenstein in der disruptiven Veränderung unserer Welt. Mit einem Schlag wurde unser Leben wahrhaftig „smart". Seit Anfang des 21. Jahrhunderts leben wir mit Social Media. WhatsApp und Co. haben die Art der Kommunikation schon wieder verändert und werden ergänzt durch TikTok und andere digitale Erfindungen.

Der Fortschritt der Informations- und Kommunikationstechnologien beschleunigt die Globalisierung. Die Mobilität von Arbeitskräften steigt, die Arbeit selbst ist immer weniger ortsgebunden. Wir werden vernetzter und vielfältiger. Darüber hinaus beobachten wir eine ganz deutliche Verschiebung von individueller zu kollektiver Intelligenz.

Die Entwicklung in Unternehmen

Was ist in den Unternehmen los? Wenig bis nichts, wenn es um Mitarbeiterführung und Personalabteilungen geht. Wenn man heute mit Kolleginnen und Kollegen offen spricht, dann stellt man fest: Wir haben keine Lust mehr. Kostendruck, Effizienz, Skalierung, rasende Geschwindigkeit, ständige Erreichbarkeit, permanente Veränderung. Wo ist der Sinn von all dem? Was ist mit der Gemeinschaft passiert? Warum muss ich ständig in eine Rolle schlüpfen, politische Spiele spielen und gefühlt durch hundert Abteilungen und Hierarchien gehen, um zu einem Ergebnis zu kommen? Seit über zwanzig Jahren zeigen weltweite Studien (unter anderem die Gallup Studie, 2024), dass das Engagement der Mitarbeitenden – also die Freude am eigenen Job und das Gefühl, diesen auch seinen Freunden empfehlen zu wollen – nahezu inexistent ist. Dagegen half bislang auch kein Fußballkicker, kein Fitnessabo oder die Aufgabe des Krawattenzwangs.

Und dann bewegt sich die Arbeitswelt doch ein Stück. Corona zwang uns zum Umdenken, was Flexibilität von Ort und Zeit angeht. Wider aller Erwartungen hat es funktioniert. Und nun? Wir arbeiteten zwei

Jahre im Home-Office und müssen uns nun anhören, dass wir doch wieder zurück ins Büro müssen. Das ist schwierig zu vermitteln.

Viel geht also doch nicht in den Unternehmen. Oder Moment mal! Geht da doch etwas? Jawohl, nämlich die Mitarbeitenden. Nach Corona konnte man eine der größten Kündigungswellen beobachten, die wir bis jetzt erlebt haben. Die Zeit der „Great Resignation" (2024) war angebrochen. Damit Mitarbeitende sich mit all ihren Fähigkeiten und ihrer Energie loyal für ein Unternehmen engagieren – dafür werden wir sehr viel mehr anpassen müssen als ein paar trendige Oberflächlichkeiten: Mitarbeitende wollen den Sinn erkennen, für den sie sich engagieren.

Wir müssen die Arbeitswelt evolutionär verändern
Wir meinen, die Arbeitswelt wird in Zukunft vor allem vernetzter und menschlicher. Das ist eine großartige Sache!

Was die Vernetztheit betrifft, hat ein Paradigmenwechsel stattgefunden: Früher erarbeiteten einzelne Spezialisten die Problemlösungen. Aber heute ist die Arbeitswelt global, schnell und komplex. Ein einzelnes Individuum kann dies nicht mehr überblicken. Und so nutzen erfolgreiche Unternehmen von heute, statt des einzelnen Spezialisten, ein ganzes Wissenskollektiv. Die große Aufgabe von Führung besteht künftig darin, Kollaboration und Vernetzung sicherzustellen. Es geht nicht mehr darum, den einzelnen High-Performer zu identifizieren – es geht darum, High-Performing-Teams zu formen. Die hierarchische Pyramide kann diese Vernetzung nicht leisten, deshalb brauchen wir neue Organisationsstrukturen. Unternehmen werden in Zukunft nicht mehr starre Gebilde sein. Vielmehr werden sie lebendigen Organismen gleichen und Selbstführung wird eine tragende Rolle spielen.

Das zweite große Thema ist die Menschlichkeit. Im beruflichen Kontext tragen wir alle jeden Tag eine Maske. Das fängt an mit der Uniform des Anzugs – die aber auch schon vielerorts abgeschafft worden ist – und setzt sich fort in der Professionalität, die wir an den Tag legen müssen, um überhaupt ernst genommen zu werden. Wir fragen: Was wäre, wenn diese Verstellung nicht mehr notwendig wäre? Wie viel Potenzial in uns würde noch geweckt, wenn wir uns so verhalten könnten, wie wir wirklich sind?

Wir glauben, dass wir alle gemeinsam die Arbeitswelt attraktiv und zukunftsorientiert gestalten können. Davon werden letztlich alle profitieren. Dazu müssen Führungskräfte und Personaler die Erneuerung ihrer Unternehmen aktiv angehen. Indem wir in diesem Buch Handlungsempfehlungen und Denkanstöße geben, möchten wir inspirieren und einen Beitrag dazu leisten.

May the force be with you!

DIE HEUTIGE ORGANISATION   NETZWERK ORGANISATION   DIE ORGANISATION DER ZUKUNFT

Lesetipp

- Gallup. (2024). What Is Employee Engagement and How Do You Improve It? https://www.gallup.com/workplace/285674/improve-employee-engagement-workplace.aspx#ite-357458 Zugegriffen: 5. Mai 2024
- Laloux, F. (2016): Reinventing Organizations. An illustrated Invitation. Nelson Parker.
- Wikipedia. (2024). Great Resignation. https://en.wikipedia.org/wiki/Great_Resignation Zugegriffen: 5. Mai 2024

1.2 New Work leicht erklärt

Alte Strukturen im modernen Marktumfeld – kann das gutgehen?
Mails schreiben, sich per Videokonferenz gleichzeitig mit New York, London und Singapur besprechen, dazwischen klingelt und summt das Handy und meldet verpasste Anrufe und noch zu lesende Nachrichten auf x-verschiedenen Kanälen - aber keine Zeit, der Chef hat geschrieben, er wolle die Präsentation. Wozu brauchen wir die eigentlich? Jetzt

sofort prüfen, also bitte schicken und dann Feedback abwarten und sofort Korrekturen umsetzen - warum sind denn jetzt noch Korrekturen notwendig? Und dann unbedingt final noch heute an alle verschicken, egal zu welcher Tages- oder Nachtzeit, verfügbar 24/7? Spätestens jetzt steigt der Puls. Warum machen wir das? Was ist unser Wertbeitrag? Du möchtest in einem Unternehmen arbeiten, hinter dessen Zielen und Werten du stehst, in einer Rolle, die dich erfüllt und wo du deinen Beitrag erkennst? Willkommen in der Welt, in der „New Work" zur Anwendung kommen muss für eine motivierende, gesunde Arbeitsatmosphäre und eine erfolgreiche Unternehmensperformance.

Die Bedeutung von New Work – damals und heute

Begründet wurde der Begriff New Work vom Sozialphilosophen Frithjof Bergmann bereits in den Achtzigerjahren. Bergmann (2017) stellte die zentrale Frage in den Raum, was man eigentlich wirklich, wirklich wolle. Er definierte die Faktoren Freiheit, Selbständigkeit und Sinnstiftung als elementare Grundbausteine von New Work. Hier geht es also um den sinnvollen Einsatz von Mitarbeitenden und gleichzeitig um deren Ansprüche an die eigene Tätigkeit.

Heute ist die Bewegung New Work ein Megatrend und der Oberbegriff für neue Formen der Zusammenarbeit im Zeitalter von Digitalisierung und Globalisierung. New Work ermöglicht, was die alten, hierarchischen Organisationsformen nicht leisten können: Geschwindigkeit durch Agilität, Innovations- und Wettbewerbsfähigkeit durch Selbstorganisation sowie Sinnhaftigkeit.

Warum brauchen wir New Work?

Der Ansatz von New Work ist heute aus zwei Gründen zentral. Erstens macht er Unternehmen flexibel und anpassungsfähig in einem sich stetig wandelnden Markt und ist somit in einem dynamischen und kompetitiven Umfeld besonders relevant, da es hier gilt, Komplexität in kurzer Zeit zu meistern. Zusammenarbeit ist dabei grundlegend und benötigt Mitarbeitende, die selbständig gute Entscheidungen treffen können und motiviert sind, das große Ganze im Blick zu haben. Unternehmen erlangen somit einen Wettbewerbsvorteil oder bleiben zumindest wettbewerbsfähig.

Zweitens suchen Talente heute nach Freiheit auf jeder Hierarchiestufe und verlangen nach einem Umfeld, wo sie ihr Potenzial entfalten, ihre Arbeit als sinnvoll erleben und einen Impact des eigenen Handelns erkennen können. Wo sie in die Entscheidungsfindung miteinbezogen sind und wo nicht Gewinnmaximierung die einzig gültige Maßeinheit ist. Denn Bewerbende und Mitarbeitende legen heute Wert darauf, zum großen Ganzen beizutragen – und New Work ist darauf ausgerichtet. New Work nicht zu leben, bedeutet also auch ein Reputationsproblem im Talentpool.

Wie sieht es in den Unternehmen heute aus?
Viele Unternehmen haben New Work aber noch nicht umgesetzt. Dabei ist es eine traurige Tatsache, dass sowohl Mitarbeitende als auch Führungskräfte unzufrieden sind. Dies ist bereits seit gut 20 Jahren bekannt und durch diverse Gallup Umfragen (2024) belegt. Mitarbeitende, so liest man da, sind nicht engagiert. Unternehmen investieren wohl in die Kennziffer Mitarbeiterengagement, aber allenfalls mit Goodies – nicht mit strategischen Änderungen. Nüchterne Erkenntnis: Ein Fußballkicker macht noch keine engagierten Mitarbeitenden. Führungskräfte wiederum strampeln im Hamsterrad und fühlen sich durch die ständige Erreichbarkeit, den Leistungsdruck und die politischen Machtspiele zermürbt. Und tragischerweise vermissen sowohl Führungskräfte als auch Mitarbeitende oft den Sinn in ihren Tätigkeiten.

Wenig Erfüllung, viel Druck, keine Verschnaufpause – die Arbeit nagt an unserer Gesundheit. Will das irgendjemand „wirklich, wirklich"? Sicher nicht.

Was ist zu tun?

» Um New Work zu implementieren, muss sich ein Unternehmen von mehr verabschieden als nur von alten Organisationsformen und Prozessen.

New Work setzt einen neuen Mindset voraus. Diese Tatsache ist vor allem für Führungskräfte schwere Kost. Sie müssen gezielt entlernen und alte Denk- und Handlungsmuster loslassen. Das, womit sie erfolgreich geworden sind, hat ausgedient. Dies einzusehen ist für Führungskräfte so schwierig wie wichtig, denn wer heute nicht umdenkt, kann morgen im Wettbewerb in jeglicher Hinsicht nicht mehr mithalten.

Führungskräfte und Personalabteilungen sind genau jetzt in der Pflicht. Sie müssen die Verantwortung wahrnehmen, zusammen mit der Unternehmensspitze den Wandel in Richtung New Work voranzutreiben. Dabei muss alles radikal neu gedacht werden: die eigene Abteilung, Formen der Zusammenarbeit, Instrumente und Führungskonzepte. Eine Abteilung, die nach dem Motto „Das haben wir schon immer so gemacht!" handelt, ist ein Auslaufmodell.

Also lasst uns loslegen! Wenn wir es schaffen, New Work zu verinnerlichen und in unseren Unternehmen zum Leben zu erwecken, dann bekommen wir, was wir wirklich wollen.

Wirklich?

Wirklich!

Lesetipp

- Bergmann, F. (2017). Neue Arbeit, neue Kultur. Arbor.
- Gallup. (2024). What Is Employee Engagement and How Do You Improve It? https://www.gallup.com/workplace/285674/improve-employee-engagement-workplace.aspx#ite-357458 Zugegriffen: 5. Mai 2024

Weiterführende Literatur

- Haufe Akademie (2024), New Work: Warum ist die Zeit jetzt reif? https://www.haufe-akademie.de/new-work?akttyp=direkt&aktnr=8483 4&wnr=04393689 Zugegriffen: 5. Mai 2024

1.3   Warum ist Purpose auf einmal so wichtig?

Purpose – heute und früher

Um diese Frage zu beantworten, also um zu verstehen, warum Purpose heute wichtig ist, während früher niemand einen Gedanken daran verschwendete, müssen wir zuerst klären, was mit Purpose gemeint ist. Wir definieren Purpose als die Sinnhaftigkeit des eigenen Tuns.

» Den Sinn im eigenen Handeln zu erkennen, verstehen wir als grundlegendes Bedürfnis des Menschen.

Wieso gilt das heute, aber früher nicht? Früher diente Arbeit in erster Linie dazu, das persönliche Überleben zu sichern. Da auch noch nach dem Sinn in der eigenen Arbeit zu fragen, war schlicht ein Luxus, den man sich nicht leisten konnte. Nun sind mittlerweile zumindest in unserer westlichen Zivilisation die menschlichen Grundbedürfnisse gesichert, es geht bei der Arbeit nicht mehr um das nackte Überleben. Diese Tatsache öffnet das Feld, um weitere Bedürfnisse zu erkennen und zu adressieren: beispielsweise Work-Life-Balance, Weiterbildungsmöglichkeiten, Karriereplanung, die Frage, „was man wirklich, wirklich will". Und in diese Liste gehört auch Purpose.

Purpose bedeutet Motivation

Es war der TED-Talk „The puzzle of motivation" von Dan Pink (2009), der uns zum ersten Mal so richtig verstehen ließ, dass Purpose ein zentrales Element erfolgreicher Unternehmen ist. Pink erklärt Purpose als das Gefühl, mit der eigenen Arbeit zu etwas Größerem beizutragen. Er versteht Purpose – neben Autonomie und persönlichem Wachstum – als Grundantreiber des Menschen. Durch Purpose entsteht Energie.

Woher kommt diese Energie? Purpose gibt der Anstrengung von Mitarbeitenden eine innere Logik. Sie handeln dann nicht mehr nur deshalb, weil man es ihnen diktiert oder weil sie wissen, dass die Vorgesetzte dies erwartet, sondern sie handeln aus einer persönlichen Überzeugung, weil sie den größeren Sinn ihres Tuns erkennen. Daraus wächst das Bewusstsein, einen positiven Impact zu haben. Dieses Bewusstsein der eigenen Bedeutung wiederum weckt eine Energie: Motivation. Während also ohne Purpose ein Vorgesetzter jeden nächsten Schritt vorgeben muss, weil die innere Logik der Arbeit fehlt, führt Purpose dazu, dass die Mitarbeitenden den Sinn ihres Tuns begreifen und von sich aus eine Motivation entwickeln, auf diesen Sinn hinzuarbeiten.

Auch Google hat mit seinem Projekt „Aristoteles" (Duhigg, 2016) belegt, dass Purpose ein wichtiger Treiber von Motivation ist, und zeigte auf, dass nur die Teams erfolgreich sind, die einen Sinn, einen Impact in ihrem Handeln erkennen. Diese Erkenntnis dürfte Grund genug sein, dass Unternehmen von heute sich das Thema Purpose genauer ansehen sollten.

Weniger Micromanagement, mehr Wettbewerbsfähigkeit
Uns scheinen zwei Überlegungen besonders zentral:

1. Purpose statt Micromanagement: Purpose hilft, die Mitarbeitenden auf ein gemeinsames Ziel auszurichten. Dadurch unterstützt Purpose agiles Arbeiten und macht Micromanagement hinfällig. Und das Wissen darum, dass alle im Team dieselbe Sinnhaftigkeit in ihrem Handeln sehen und in die gleiche Richtung streben, resultiert in einem Zugehörigkeitsgefühl des Einzelnen, was wiederum die Motivation fördert.
2. Purpose für mehr Wettbewerbsfähigkeit: Purpose ist imagefördernd und richtig eingesetzt macht er ein Unternehmen sowohl für Mitarbeitende als auch Kunden attraktiver. Mitarbeitende verlangen heute nach Purpose, nach dem Gefühl der Sinnhaftigkeit in ihrem Tun, danach, etwas zu bewirken. Kann ein Unternehmen ihnen dieses Gefühl nicht glaubhaft vermitteln, sind vor allem die hochqualifizierten Mitarbeitenden schnell weg. Ebenso erwarten Kunden, dass ein

Unternehmen im weitesten Sinne einen Dienst an der Gesellschaft leistet und einen authentischen Corporate Purpose vorweisen kann. Im besten Fall dient dieser dem Imagegewinn und ist ein Wettbewerbsvorteil gegenüber der Konkurrenz.

Purpose ist kein „Nice to have"
Wenn ein Unternehmen verstanden hat, dass es einen Purpose braucht – super! Nun stellt sich aber die Frage, wie man als Unternehmen diesen Purpose definiert? Das fällt vielen Unternehmen schwer. Der propagierte Purpose eines Unternehmens muss attraktiv und authentisch sein. Dabei hilft es, wenn der Purpose sich im weitesten Sinne mit der eigenen Geschäftstätigkeit in Verbindung bringen lässt. So gesehen ist also klar, dass beispielsweise Zigarettenfirmen oder Waffenhersteller – beides Geschäftsinhalte, die potenziell Leben verkürzen – es künftig immer schwerer haben, einen authentischen und attraktiven Purpose zu definieren. Leichter dürfte das hingegen jenen Unternehmen fallen, die sich mit ihrer Tätigkeit auch für die aktuellen Themen unserer Zeit interessieren und engagieren, wie gesunder Lebensstil, soziale Gerechtigkeit, Nachhaltigkeit oder CO_2-Reduktion.

Auf jeden Fall gilt: Heute ist Purpose kein Luxus mehr. Er ist kein Nice-to-have. Nein, Purpose ist zentral. Der wahrgenommene Purpose ist erfolgsentscheidend, weil sowohl Mitarbeitende als auch Kunden danach handeln. Wir sind der Meinung, dass Purpose heute einer der großen Treiber des Unternehmenserfolgs ist. Und dass es Pflicht eines jeden Unternehmens ist, einen attraktiven und authentischen Corporate Purpose zu definieren und in der strategischen Unternehmensführung zu verankern.

Lesetipp
- Duhigg, C. (2016). What Google Learned From Its Quest to Build the Perfect Team. The New York Times Magazine. https://www.nytimes.com/2016/02/28/magazine/what-google-learned-from-its-quest-to-build-the-perfect-team.html?smid=pl-share Zugegriffen: 5. Mai 2024
- Pink, D. (2009). The puzzle of motivation. TED. https://www.ted.com/talks/dan_pink_the_puzzle_of_motivation. Zugegriffen: 5. Mai 2024

1.4   Das Ende der Hierarchie

Flache Hierarchien und Netzwerkorganisation sind allgegenwärtige Trendbegriffe. Alle finden es toll, nur wenige Unternehmen machen es. Wir sind der Meinung, dass sich das ändern muss. Netzwerkhierarchien werden zukünftig grundlegend sein für das Überleben von Unternehmen.

Die Nachteile der klassischen Pyramide
Du kennst das sicher auch: Silodenken, politische Spielchen, versteckte Agenden, stupide Tätigkeiten und nerviges Micromanagement. Dies alles gehört in die Welt der steilen Hierarchien. Oben wird befohlen, unten wird ausgeführt, dazwischen ist man im Sandwich eingeklemmt und hat vor allem Stress. Die Pyramide entpuppt sich als Flaschenhals: Die Entscheidungsfindung dauert zu lange, denn taucht in einem Projekt eine Frage auf, muss diese zuerst an eine höhere Stelle rapportiert und eine Entscheidung darüber dann wieder top-down kommuniziert werden. So werden Entscheidungen am falschen Ort gefällt, weit weg von den Projektbeteiligten, welche über die spezifische Fachkompetenz verfügen. Auf diese Weise lässt sich der Komplexität einer Herausforderung selten adäquat begegnen. Insgesamt ist der Entscheidungsfindungsprozess störungsanfällig und frustriert die kompetenten Mitarbeitenden, die darin nur ausführende Kraft anstatt Verantwortungsträger sind. Unterforderte Mitarbeitende und zu langsam im Wettbewerb: Die Pyramidenhierarchie hat ausgedient.

Die Netzwerkorganisation als Konzept der Zukunft
Der Vorteil von Netzwerkhierarchien liegt auf der Hand:

» Hier wird die Verantwortung dezentralisiert, die Mitarbeitenden agieren selbstbestimmt und die Entscheidungsfindung nimmt kurze Wege.

Voraussetzung ist, dass alle Mitarbeitenden die Unternehmensziele verstehen und in ihrem Bereich darauf hinarbeiten. So ist die Abstimmung untereinander sichergestellt, eine übergeordnete Hierarchiestufe als zentrale Entscheidungsinstanz wird hinfällig. Aber wie kommt man von der Pyramide zum Netzwerk? Es braucht eine offene Kommunikation, Vertrauen und die Übertragung von Verantwortung an die einzelnen Teams und Mitarbeitenden. Die Entscheidungskompetenz muss dort angesiedelt werden, wo auch die Informationen und das spezifische Wissen liegen. Wichtig sind verbindliche Guidelines, welche Entscheidungen an welcher Stelle getroffen werden dürfen oder müssen. Mitarbeitende brauchen eine klare Vorstellung über ihre Aufgaben, ihre Rolle im Team und ihren Entscheidungsspielraum.

Es gibt erfolgreiche Beispiele von Netzwerkorganisationen und -modellen. Drei wollen wir im Folgenden kurz vorstellen.

1. Holakratie

Holakratie ist eine Organisationsstruktur, die Brian Robertson (2016), CEO von Ternary Software, 2007 entwickelte. Diese Struktur soll Zuständigkeiten klären und Entscheidungswege vereinfachen. Sie schafft klassische Organigramme und Hierarchien ab und verteilt Autorität anhand eines Rollenkonzepts.

Zusammengehörige Rollen bilden einen Kreis. Kreise sind autonome Teams und organisieren sich weitgehend selbst. Es gibt keinen Chef mehr, der alles diktiert, sondern jedes Teammitglied kommt im Rahmen seiner Rolle gleichberechtigt zu Wort, Entscheidungen werden im Konsent (Achtung: nicht im Konsens, den Unterschied erklären wir in Abschn. 2.6) in Meetings getroffen. Das Rollenkonzept ermöglicht eine flexible Anpassung an Markt- oder Zielveränderungen. Zudem bietet das Modell einen neuartigen Weg, um streitfrei und schnell zu einer Entscheidung zu kommen. Dank einem zentralen Regelwerk, der „Holakratie-Verfassung", ist die Zusammenarbeit klar geregelt.

Das starre Regelwerk ist aber auch gewöhnungsbedürftig: Mitarbeitende wie Führungskräfte brauchen Zeit, um sich darin zurechtzufinden, und insbesondere Manager müssen die neue Art von Leadership erst erlernen.

Wer jedoch einmal in einem holakratisch organisierten Unternehmen gearbeitet hat, will meist nicht mehr zurück in ein traditionelles Arbeitsumfeld.

2. Buurtzorg

Buurtzorg (2024) ist ein niederländisches Unternehmen zur ambulanten Krankenpflege und in unseren Augen ein tolles Beispiel dafür, wie erfolgreich autonome Teams sein können (Laloux, 2016). Das Prinzip: Bei Buurtzorg nehmen sich die Pflegenden Zeit für ihre Patientinnen und Patienten und machen damit das Gegenteil von dem, was sie in anderen Unternehmen gelernt haben, wo jede einzelne Handlung zeitlich bemessen war, um effizient zu sein. Und genau dadurch, dass die Buurtzorg-Mitarbeitenden sich Zeit nehmen und auf die Patienten eingehen, sind sie ökonomisch extrem effizient, da weniger Patienten stationär aufgenommen werden müssen.

Das Unternehmen funktioniert über flache Hierarchien und das Arbeiten in kleinen, autonomen Teams von zehn bis zwölf Mitarbeitenden. In diesen werden Aufgaben nach Neigung und Qualifikation verteilt. Gemeinsam werden Arbeitseinsätze festgelegt oder Weiterbildungen beschlossen. Meetings finden nicht regelmäßig statt, sondern werden punktuell dann einberufen, wenn sie benötigt werden. Jedes Team entscheidet selbst über die Anstellung von neuen Mitarbeitenden. Dabei ist das zentrale Kriterium die persönliche Eignung der Bewerbenden für die Organisation und ihre Werte. Übergeordnete Strategien werden aus der Integration aller Themen der einzelnen Teams entwickelt. Jegliche notwendigen Daten sind digital und prompt stets allen zugänglich. So wird der Wissensaustausch innerhalb des Unternehmens unterstützt. Zentrale Funktionen gibt es bei Buurtzorg kaum, dafür regionale Coaches, die die Teams beraten, und ein kleines Team in der Verwaltung, das sich um administrative Dinge kümmert, wie Payroll oder Abstimmungen mit den Behörden. Eine Personalabteilung, ein Marketing-Team oder ein mittleres Management existieren jedoch nicht.

Buurtzorg ist ein Unternehmen, dessen Arbeitsmodell auf der Annahme beruht, dass weitreichende Autonomiespielräume zu besten Ergebnissen für Patienten und Personal führen. Der Erfolg gibt Buurtzorg recht.

3. Spotify

Beim Audio-Streaming-Dienst Spotify ist aus der Kombination verschiedener agiler Methoden ein eigenes, äußerst erfolgreiches Organisationsmodell entstanden, das mittlerweile zum Vorbild für andere Firmen wie die ING Bank, Telekom oder Rewe geworden ist. Das Modell basiert auf den vier Grundbausteinen Squad, Tribe, Chapter und Guild.

Als Squad wird ein multidisziplinäres Team bezeichnet, das mit allen Kompetenzen ausgestattet ist, die für eine bestimmte Aufgabe benötigt werden. Seine Größe liegt bei acht bis zehn Personen. Für jeden Squad wird ein langfristiges Ziel definiert. Ein Squad steuert sich selbst, hat aber einen Product Owner, der Prioritäten vorgibt. Gerne werden die Squads auch als Mini-Start-Ups bezeichnet.

Mehrere Squads arbeiten in einem Tribe zusammen. Der Zusammenschluss entsteht auf Basis gemeinsamer oder in enger Verbindung stehender Produkte oder Dienstleistungen. Jeder Tribe wird von einem oder mehreren Tribe-Leads geführt. Zu einem Spotify-Tribe gehören maximal 150 Personen.

Im Spotify-Chapter kommt es zu einem Zusammenschluss aller Kollegen mit gleicher Qualifikation, also beispielsweise aller User Experience Entwickler eines Tribe. Der Chapter-Lead hat keine Weisungsbefugnis, trägt aber Verantwortung für die fachliche Entwicklung seiner Mitarbeitenden.

Guilds sind freiwillige, interessenbasierte Communities. Der Nutzen dieser Guilds liegt im fachlichen Austausch und in der Vernetzung über Tribe-Grenzen hinweg.

Das Spotify-Modell ist deshalb so bemerkenswert, weil es ihm gelingt, breit gestreutes Fachwissen an einem Ort (Squad) zusammenzuführen und gleichzeitig den Wissensaustausch zu fördern (Chapter und Guilds). Die Autonomie der Squads wird von den langfristigen Zielen und tragenden Prinzipien der Spotify-Organisation eingeschränkt, aber einer kreativen Entwicklung von Projekten scheinen fast keine Grenzen gesetzt (Kniberg, 2014a, b).

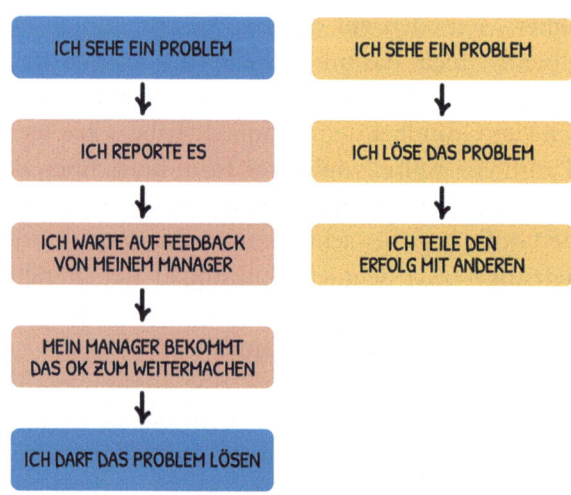

DAS ENDE DER HIERARCHIE

ICH SEHE EIN PROBLEM → ICH REPORTE ES → ICH WARTE AUF FEEDBACK VON MEINEM MANAGER → MEIN MANAGER BEKOMMT DAS OK ZUM WEITERMACHEN → ICH DARF DAS PROBLEM LÖSEN

ICH SEHE EIN PROBLEM → ICH LÖSE DAS PROBLEM → ICH TEILE DEN ERFOLG MIT ANDEREN

Lesetipp

- Buurtzorg (2024). The Buurtzorg Model. https://www.buurtzorg.com/about-us/buurtzorgmodel/ Zugegriffen: 5. Mai 2024
- Kniberg, H. (2014). Spotify Engineering Culture, Part 1 of 2. https://www.youtube.com/watch?v=4GK1NDTWbkY Zugegriffen: 5. Mai 2024
- Kniberg, H. (2014). Spotify Engineering Culture, Part 2 of 2. https://www.youtube.com/watch?v=rzoyryY2STQ Zugegriffen: 5. Mai 2024.
- Laloux, F. (2016): Reinventing Organizations. An illustrated Invitation (S. 43–52). Nelson Parker.
- Robertson, B. (2016). Holacracy. Ein revolutionäres Management-System für eine volatile Welt. Vahlen.

1.5   Schon mal von Teal gehört?

Teal ist eine Farbe und heißt Petrol. Im Kontext von Unternehmensführung und Management hat Teal aber eine weit wichtigere Bedeutung. Mittlerweile kann man bei Teal von einer Bewegung sprechen. Diese wird täglich größer, und das verdanken wir Frédéric Laloux. Er ist der Autor von „Reinventing Organizations". Mit diesem Buch hat Laloux in der heutigen Arbeitswelt einen Nerv getroffen. Es gibt kaum ein Werk, das so viele Menschen berührt und wirklich dazu bewegt, bestehende Management-Paradigmen zu überdenken und nachhaltig zu ändern.

Die Prämisse von Laloux ist, dass die Menschheit sich aktuell inmitten eines Sprungs auf die nächste evolutionäre Ebene befindet. Laloux (2016) beschreibt, wie viele Top-Führungskräfte der Machtspiele und -kämpfe in hierarchischen Unternehmen überdrüssig sind. Ihre Kalender sind überfüllt, gleichzeitig ist da diese emotionale Leere. Welchem Sinn jagen sie eigentlich hinterher? Wie können sie mehr sie selbst sein, als in erster Linie gestresste Manager?

„Reinventing Organizations" listet die verschiedenen Paradigmen von Organisationen und deren jeweiligen Errungenschaften durch die Jahrhunderte auf. Dabei orientiert es sich an der Kategorisierung von Ken Wilber. Dieser nutzte verschiedene Farben, um den Verlauf der Evolution zu beschreiben und die verschiedenen Evolutionsstufen gegeneinander abzugrenzen. Die Farbe Teal stellt eine nächste Stufe dar: Die Teal-Organisation. Sinnorientiert, selbstverwaltet und menschenorientiert begründet sie ein ganz neues Paradigma.

» **Zentrale Errungenschaften sind die Werte Selbstmanagement, Ganzheitlichkeit und evolutionärer Zweck.**

Selbstmanagement

Die Mitarbeitenden handeln in ihrem eigenen Aufgabenbereich selbstbestimmt und sind auch zuständig für die funktionierende Abstimmung über Schnittstellen hinweg. So ist die Entscheidungsmacht innerhalb der Organisation verteilt und nicht zentral an eine oder mehrere Führungskräfte gebunden.

Ganzheitlichkeit

Ein Mensch hat viele Facetten. Eine davon ist sein „professionelles Ich". In heutigen Organisationsparadigmen sind Mitarbeitende meist bemüht, nur diesen Teil des Selbst zu zeigen, also immer professionell zu wirken. Die Teal-Organisation interessiert sich aber nicht nur für den professionellen Teil ihrer Mitarbeitenden. Ihr Ziel ist es, dass sich der Mitarbeitende als ganzer Mensch mit all seinen Eigenschaften und Fähigkeiten in der Organisation einbringen kann. Die Annahme ist, dass diese Ganzheitlichkeit eine neue Dimension an Begeisterung und Ideenreichtum freisetzt.

Evolutionärer Zweck

Eine Teal-Organisation dient einem gewissen Zweck und handelt dementsprechend. Ihre Strategien basieren auf dem Prinzip von Sense and Respond, also darauf, die Umwelt wahrzunehmen und auf Veränderungen schnell zu reagieren. So entwickelt sie sich stetig und zweckdienlich weiter. Auch die Perspektive ändert sich bei Teal. Nicht mehr „Ich" als Manager oder Führungskraft steht im Vordergrund, sondern der übergeordnete Zweck. Laloux beschreibt es als „taming the ego" oder „disidentify from ego". Jetzt darf sich jeder CEO, der das gerade liest, mal kritisch hinterfragen, wie oft er bei Entscheidungen von seinem persönlichen Ego (und der Außenwirkung davon) geleitet ist.

Eine Reihe von Organisationen setzen Teal bereits um. Diese sind in ganz unterschiedlichen Industrien tätig und es finden sich darunter sowohl Profit- als auch Non-Profit-Organisationen. Sie alle zeigen ganz konkret, wie wir der Komplexität unserer Zeit erfolgreich begegnen können und wie Arbeit zu einem Ort der persönlichen Erfüllung und des Wachstums werden kann. Spannend dabei ist, dass die positiven Effekte von Teal bereits zum Tragen kommen, selbst wenn noch nicht alle drei Werte umgesetzt sind. Die Überlegenheit gegenüber alten Organisationsformen scheint eklatant (Reinventing Organizations Wiki, 2024).

Was braucht es nun, damit man eine Teal-Organisation umsetzen kann? Laut Laloux sind es lediglich zwei Dinge – aber die sind umso wichtiger:

1. Die obere Führungsebene muss die zentralen Werte der Teal-Organisation verinnerlicht haben und die Organisation danach gestalten wollen. Darin sollte sich die Führungsebene einig sein.
2. Die Top-Management-Ebene muss sich zu den Werten der Teal-Organisation bekennen. Es ist zentral, dass sie nicht nur dann an Teal glauben, wenn alles rund läuft. Vielmehr muss sie auch in schwierigen Zeiten hinter dem Teal-Paradigma stehen können. Sonst läuft sie Gefahr, in kritischen Momenten reflexartig in alte Muster zu verfallen und sofort einen CEO zu bestimmen, der dann wieder klassisch von oben herab allen Mitarbeitenden diktiert, was zu tun ist.

Es sind bloß zwei Voraussetzungen. Aber diese sind anspruchsvoll, denn sie setzen ein Umdenken voraus. Das soll uns nicht davon abhalten, den Wandel zu versuchen. Wir wollen alle Führungsverantwortlichen dazu animieren, ihr Unternehmen in Richtung Teal zu entwickeln – ganz einfach deshalb, weil es sich für alle lohnt.

Lesetipp

- Laloux, F. (2016): Reinventing Organizations. An illustrated Invitation (S. 38–39, 133–161). Nelson Parker.
- Reinventing Organizations Wiki (2024). Cases for inspirations. https://reinventingorganizationswiki.com/en/cases/ Zugegriffen: 5. Mai 2024

Weiterführende Literatur

- Wilber, K. (2017). A Brief History of Everything, Shambhala

1.6 Von Anwesenheits- zu Ergebnismanagement

Arbeiten im New Normal

New Normal, schon mal gehört? Während der Corona-Zeit hat dieser Begriff deutlich an Popularität gewonnen und ist aus dem täglichen Sprachgebrauch nicht mehr wegzudenken (Forchheim, 2021; Rump, 2021).

Eine neue Normalität ist der Zustand, in den sich eine Wirtschaft bzw. Gesellschaft nach einer Krise begibt, wenn er sich von der Situation unterscheidet, die vor Beginn der Krise herrschte. New Normal ist übrigens nicht zu verwechseln mit New Work (wir erinnern uns an Abschn. 1.2), auch wenn man das oft sieht. Allerdings kann man durchaus sagen, dass beides Bedingungen für das erfolgreiche Arbeiten im Zeitalter von Digitalisierung und Globalisierung sind.

Unser Thema ist die neue Normalität in der Arbeitswelt, bedingt durch die Corona-Pandemie. Dabei fokussieren wir insbesondere auf die Aspekte Arbeitsplatz, Vertrauen und Wohlbefinden der Mitarbeitenden.

Wer arbeitet wo und wann?
Home-Office ist das Wort der Stunde. Natürlich gibt es den Begriff und die Arbeitsform schon länger. Die Meinung aber, dass Home-Office ein Ding der Unmöglichkeit sei, war weit verbreitet. Erst durch die Pandemie wurde das Arbeiten von zu Hause aus für alle, die am Schreibtisch arbeiten, notgedrungen zur flächendeckenden Realität, zum New Normal. Nun geht mit der Verlegung des Arbeitsortes unweigerlich eine Flexibilisierung der Arbeitszeit einher: Ganz gleich, ob ich eher ein Morgen- oder ein Nachtmensch bin, als Mitarbeiter kann ich die Arbeitszeit meinem Rhythmus anpassen und brauche nicht Punkt acht Uhr morgens im Großraumbüro zu stehen. Und wenn ich zwischendurch gerne die Yoga-Matte ausrolle, um der drohenden Nackenverspannung entgegenzuwirken oder um auf die zündende Idee zu kommen, mit der ich mein Projekt voranbringen werde, dann kann ich das tun, ohne jemanden damit zu stören. Kurzum, die Pandemie hat bestätigt, dass Home-Office für Schreibtischarbeit problemlos funktioniert, denn diese lässt sich flexibel von überall aus erledigen. Genau das birgt aber auch ein Risiko, wie wir gleich noch sehen werden.

Mitarbeiterführung: Vertrauen ersetzt Kontrolle
Führungskräfte wiederum müssen Führung in der neuen Normalität neu lernen (Metaplan, 2024). Vielen bereitet es Mühe, wenn ihre Mitarbeitenden nicht im Büro vor Ort arbeiten. Ein Gefühl des Kontrollverlustes mag sich da beim einen oder anderen traditionellen Lea-

der schon einstellen. Home-Office verlangt, dass Führungskräfte ihren Mitarbeitenden Vertrauen schenken. Sie müssen lernen, was wir eigentlich schon lange von ihnen erwarten: Ziele zu setzen und die Arbeit des Teams am Ergebnis zu messen – nicht an der Präsenzzeit. Dabei ist die Notwendigkeit von Vertrauen in der Mitarbeiterführung keine neue Erkenntnis, die Pandemie hat sie nur dringlicher gemacht. Viele Führungskräfte betreten nun Neuland: Wie kann ich den Kontakt virtuell zu meinem Team halten? Wie kann ich mein Team motivieren? Wie formuliere ich Ziele, deren Erreichung ich über die Arbeitsergebnisse beurteilen kann? Führung besteht heute aus Vertrauen und Fürsorge gegenüber den einzelnen Mitarbeitenden. Das ist gar nicht so einfach. Sich der Herausforderung bewusst zu werden, ist ein guter Anfang.

Wohlbefinden als KPI (Key Performance Indicator)
Corona hat noch eine weitere, längst bekannte Komponente der Mitarbeiterführung verdeutlicht: Das Wohlbefinden der Mitarbeitenden ist zentral. Selten verzeichneten Personalabteilungen so viele Anfragen für psychologischen Support wie während der Corona-Zeit. Die Pandemie brachte eine massive Anzahl an komplexen Veränderungen in allen Lebensbereichen mit sich und Resilienz erwies sich als notwendige Kompetenz. Achtsamkeit, Gesundheit und Wohlbefinden spielen für die psychische Stabilität eine große Rolle. Unternehmen, die dies unterstützen, tun damit nicht nur ihren Mitarbeitenden etwas Gutes. Sie machen ihre Belegschaft damit auch fit für schnelle Veränderungen und schaffen so einen Wettbewerbsvorteil für das Unternehmen. Und auch im Kampf um Talente hat jenes Unternehmen die Nase vorn, welches dafür bekannt ist, sich für das Wohlbefinden seiner Mitarbeitenden einzusetzen. Es ist daher höchste Zeit, Wohlbefinden als KPI zu definieren.

New Normal ist Zukunft, aber nicht risikofrei
Aus unserer Sicht ist New Normal keine Phase, sondern ein weiterer Schritt in der Anpassung an die neue Arbeitswelt. Home-Office wird nicht mehr ganz verschwinden und flexibel eingesetzt werden. Das Büro wird zur Begegnungsstätte. Es wird weiterhin Kernarbeitszeiten geben, zu denen Teammitglieder zusammenarbeiten. Daneben wird die Flexibilisierung der Arbeitszeit fortschreiten. Ein Risiko darf aber nicht außer Acht

gelassen werden: Wenn wir sagen, dass Schreibtischarbeit von überall aus erledigt werden kann, dann ist das global zu verstehen. Dies kann unter Umständen auch Arbeitsplätze gefährden. Braucht es die teuren Mitarbeitenden am Standort mit den hohen Lebenshaltungskosten und Löhnen – oder kann deren Arbeit auch von einem anderen Ort aus erledigt werden? Auch ein sorgfältiger Umgang mit dieser Frage will gelernt sein.

Lesetipp

- Forchheim, J. (2021). New Normal – der neue Arbeitsalltag für Unternehmen. Blink.it. https://www.blink.it/blog/new-normal-unternehmen Zugegriffen: 5. Mai 2024
- Metaplan (2024). Wie jetzt führen? Warum mobile Arbeit Führung neu formt. https://versus-online-magazine.com/de/publikation/studie-wie-jetzt-fuehren/ Zugegriffen: 5. Mai 2024
- Rump, J. (2021). Die neue Normalität in der Arbeitswelt – die 7* 3er Regel. Institut für Beschäftigung und Employability https://www.ibe-ludwigshafen.de/trends/neue-normalitaet/ Zugegriffen: 5. Mai 2024

1.7 Die Superkräfte von erfolgreichen Firmen

Wer gewinnt?

In den USA manifestierte sich nach der Corona-Pandemie das Phänomen der „Great Resignation" (2024). Der Begriff steht für die Tatsache, dass Arbeitnehmende in Scharen die Unternehmen verlassen, um ihr Glück anderswo zu versuchen. In Europa und anderen Ländern sah man ähnliche Bewegungen. Aktuell scheint sich diese Lage etwas erholt zu haben. Dennoch sollte sich jedes Unternehmen kontinuierlich fragen: Was suchen die Mitarbeitenden?

Wir glauben, die Bereiche, um die wir uns in erster Linie kümmern müssen, sind die folgenden vier:

1. Menschlichkeit

Die Macht in Firmen wandelt sich gerade, und dafür sind wir dankbar. Aufgrund des Wandels werden Unternehmen Kontrolle durch Vertrauen ersetzen müssen. Denn vorbei sind die Zeiten der tradierten

Führungsansätze: Der Top-Down-Manager war gestern, heute brauchen wir Leader auf Augenhöhe. Wir sind überzeugt, dass alle profitieren, wenn wir in sicherem Umfeld arbeiten können, an Themen, die uns etwas bedeuten. Wenn unsere Meinung gehört wird. Wenn unsere Stärken gefragt und gefördert werden, anstatt unsere Schwächen kritisiert. Wenn wir für Eigeninitiative nicht abgestraft, sondern belohnt werden. Attraktive Unternehmen brauchen fähige Leader, die den Wandel unterstützen. Wertvoll wird derjenige CEO sein, der für seine Mitarbeitenden einsteht. Der nicht nur ein gewünschtes Verhalten aller propagiert, sondern dieses als Erster auch vorlebt. Und natürlich einer, der versteht, dass sein Gehalt nicht das Hundertfache des Lohnes eines Mitarbeitenden betragen kann. Die Zukunft gehört jenem CEO, der auch das Wohl des privaten Umfelds seiner Belegschaft im Blick hat, indem er vielleicht auch mal eine Dankeskarte an die Mitarbeitenden und ihre Familien schreibt.

Unternehmen werden dem Mitarbeitenden auch bei den Benefits mehr bieten müssen als nur das Standard-Paket. Tolle Goodies müssen dabei gar nicht ausgefallen sein: E-Bikes oder ein ÖV-Ticket sind tolle Zeichen der Wertschätzung und zahlen sich aus. Ein attraktives Unternehmen wird eine 4-Tage-Woche oder vollständig flexible Arbeitszeiten ermöglichen und Elternzeit für beide vorsehen – und dies sicherlich nicht nur im Umfang des gesetzlich vorgeschriebenen Minimums. Gewinnen werden jene Firmen, die auf den Mitarbeitenden eingehen, seine Bedürfnisse respektieren, ihm eine unschlagbare Employee Experience bieten und Menschlichkeit vermitteln.

2. Moderne Struktur

Die gesuchten Kandidaten werden sich konsequent für jene Arbeitgeber entscheiden, die eine moderne, silofreie Struktur aufweisen, und die alle Mitarbeitenden befähigen, sich nicht wie Angestellte, sondern wie Eigentümer der Firma zu verhalten: vorausschauend, verantwortungsvoll und mit Blick für das große Ganze. Selbstorganisation und agiles Arbeiten werden in diesen Firmen selbstverständlich sein. Attraktive Unternehmen von morgen werden zudem ganz klar eine Out-of-the-Box-Mentalität begrüßen, nicht nur in Bezug auf die Organisationsform, sondern auch in Bezug auf die Arbeitsweise.

3. Gesundheit

Erfolgreiche Unternehmen werden ihre Mitarbeitenden als das wichtigste Asset überhaupt begreifen, noch vor dem eigentlichen Kerngeschäft in Form von Produkten und Dienstleistungen. Die Anerkennung und Wahrung der körperlichen und mentalen Gesundheit aller Mitarbeitenden wird begehrte Firmen auszeichnen. Schuften bis zum Umfallen, hohe Krankheitszahlen und Burn-outs schaden dem Image. Die daraus resultierenden Kosten sind durch nichts aufzuwiegen. Hingegen wird eine Firma mit gesunden, widerstandsfähigen Mitarbeitenden gleichsam resilienter in dem sich schnell wandelnden Marktumfeld sein.

4. Purpose

Erfolgreiche Unternehmen werden einen attraktiven, authentischen Purpose aufweisen, ihre Werte klar kommunizieren und glaubhaft vertreten. Sie werden sich unmissverständlich für Corporate Social Responsibility stark machen und sich offen und ehrlich bemühen, einen Beitrag zu leisten – anstatt nur saubere Schlagzeilen auf der firmeneigenen Homepage zu publizieren. Gewinnen werden letztlich jene Arbeitgeber, deren Antwort auf das „Warum?" die Talente zu überzeugen und zu begeistern vermag.

Wake-up Call

Zum ersten Mal erleben wir, dass wir uns auf einen Arbeitnehmermarkt zu bewegen. Die seltenen Fachkräfte im Bewerberpool werden künftig ihre Stelle aussuchen können. Firmen, die dies erkennen und Maßnahmen ergreifen, werden einen deutlichen Wettbewerbsvorteil haben und erfolgreicher sein. Die häufigsten Fragen, die uns von Kandidaten täglich in Interviews gestellt werden, sind: Was ist euer Purpose? Wie beschreibt ihr eure Kultur? Wie behandelt ihr eure Mitarbeitenden? Kann ich mich einbringen? Ist flexibles Arbeiten möglich? Werde ich gehört? Zählen meine Bedürfnisse? Was auch immer gestern unsere Antwort darauf war – morgen muss sie besser sein. Machen wir uns an die Arbeit!

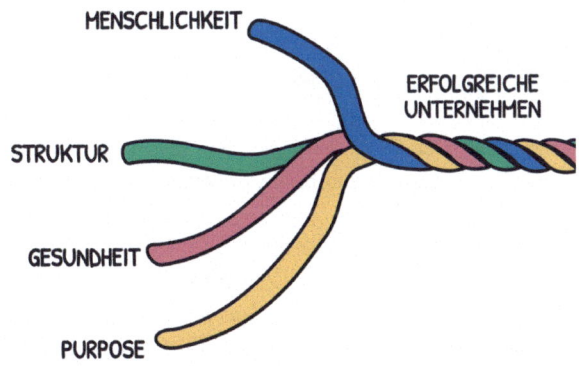

Lesetipp

• Wikipedia. (2024). Great Resignation. https://en.wikipedia.org/wiki/
Great_Resignation Zugegriffen: 5. Mai 2024

Literatur

Bergmann, F. (2017). *Neue Arbeit, neue Kultur*. Arbor.

Buurtzorg (2024). *The Buurtzorg Model*. https://www.buurtzorg.com/about-us/
buurtzorgmodel/. Zugegriffen: 5. Mai 2024.

Duhigg, C. (2016). *What Google Learned From Its Quest to Build the Perfect Team*. The New York Times Magazine. https://www.nytimes.
com/2016/02/28/magazine/what-google-learned-from-its-quest-to-build-
the-perfect-team.html?smid=pl-share. Zugegriffen: 5. Mai 2024.

Forchheim, J. (2021). *New Normal – der neue Arbeitsalltag für Unternehmen*.
Blink.it. https://www.blink.it/blog/new-normal-unternehmen. Zugegriffen:
5. Mai 2024.

Gallup. (2024). What Is Employee Engagement and How Do You Improve
It? https://www.gallup.com/workplace/285674/improve-employee-engage-
ment-workplace.aspx#ite-357458. Zugegriffen: 5. Mai 2024

Kniberg, H. (2014a). Spotify Engineering Culture, Part 1 of 2. https://www.
youtube.com/watch?v=4GK1NDTWbkY. Zugegriffen: 5. Mai 2024.

Kniberg, H. (2014b). *Spotify Engineering Culture, Part 2 of 2*. https://www.youtube.com/watch?v=rzoyryY2STQ. Zugegriffen: 5. Mai 2024.

Laloux, F. (2016). *Reinventing Organizations. An illustrated Invitation*. Nelson Parker.

Metaplan. (2024). *Wie jetzt führen? Warum mobile Arbeit Führung neu formt*. https://versus-online-magazine.com/de/publikation/studie-wie-jetzt-fuehren/. Zugegriffen: 5. Mai 2024.

Pink, D. (2009). *The puzzle of motivation*. TED. https://www.ted.com/talks/dan_pink_the_puzzle_of_motivation. Zugegriffen: 5. Mai 2024.

Reinventing Organizations Wiki. (2024). *Cases for inspirations*. https://reinventingorganizationswiki.com/en/cases/. Zugegriffen: 5. Mai 2024.

Robertson, B. (2016). *Holacracy. Ein revolutionäres Management-System für eine volatile Welt*. Vahlen.

Rump, J. (2021). *Die neue Normalität in der Arbeitswelt – die 7* 3er Regel*. Institut für Beschäftigung und Employability https://www.ibe-ludwigshafen.de/trends/neue-normalitaet/. Zugegriffen: 5. Mai 2024.

Wikipedia. (2024). *Great Resignation*. https://en.wikipedia.org/wiki/Great_Resignation. Zugegriffen: 5. Mai 2024

Weiterführende Literatur

Haufe Akademie. (2024). *New Work: Warum ist die Zeit jetzt reif?* https://www.haufe-akademie.de/new-work?akttyp=direkt&aktnr=84834&wnr=04393689. Zugegriffen: 5. Mai 2024

Wilber, K. (2017). *A Brief History of Everything*. Shambhala

2

Die neue Rolle von Führung

Zusammenfassung Diese Kapitel beleuchten die Revolution der Führung im digitalen Zeitalter. Die Neuverteilung von Entscheidungsbefugnissen wird erkundet und es werden praktische Beispiele geboten, für die Anpassung an die neue Führungswelt. Ein Blick hinter die Kulissen der Motivation zeigt, warum intrinsische Treiber entscheidend sind und wie Führungskräfte ihre Teams begeistern können. Die Bedeutung psychologischer Sicherheit als Geheimrezept für Hochleistungsteams wird erklärt und Wege zur Integration in Teams aufgezeigt. Eine Kultur der Fehlerakzeptanz und Flexibilität wird als Schlüssel für erfolgreiche Unternehmensführung dargestellt. Lebenslanges Lernen und Verlernen werden als essenzielle Fähigkeiten betont, um in einer sich schnell verändernden Welt erfolgreich zu sein. Die Unterschiede zwischen Konsens und Konsent in Entscheidungsprozessen werden erläutert. Abschließend wird die Kunst der Klarheit in der Kommunikation hervorgehoben. Diese Themen bilden die Grundlage für eine dynamische, zukunftsorientierte Führungskultur.

© Der/die Autor(en), exklusiv lizenziert an Springer Fachmedien Wiesbaden GmbH, ein Teil von Springer Nature 2024
C. Hübschen, C. Lass und J. Opardija *Workvolution: In 5 Minuten Kultur verändern*, https://doi.org/10.1007/978-3-658-45513-2_2

2.1   Verteilte Autorität statt zentrale Entscheidungsgewalt

Was charakterisiert Führung im digitalen Zeitalter? Unserer Meinung nach sind es ganz klar die Schlüsselbegriffe „Vertrauen, Klarheit und verteilte Autorität" und „Kein Micromanagement". Wie gelangen wir dorthin? Um die notwendige Veränderung von Führung zu illustrieren, haben wir eine kleine Geschichte für dich:

David Marquet (2015) war U-Boot-Kapitän der US Navy. 1999 übernahm er das Kommando auf der „Santa Fe", eines der schwächsten U-Boote der amerikanischen Flotte. Innerhalb von zwei Jahren entwickelte er sie zum Vorzeigeschiff der gesamten Navy. Wie ging das?

Marquet musste das Kommando der „Santa Fe" kurzfristig übernehmen, obwohl er keine Erfahrung mit diesem Bootstyp besaß. Aus seiner Unkenntnis heraus gab er einen Befehl, der eigentlich nicht durchführbar war, weil dem Schiff die technischen Voraussetzungen dafür fehlten. Trotzdem wurde dieser sinnlose Befehl unkommentiert von einem Crewmitglied zum nächsten weitergereicht. Erst am Ende der Befehlskette erfuhr Marquet, dass seine Anordnung gar nicht umsetzbar war. In diesem Augenblick wurde ihm klar, dass diese Art Führung nicht funktionierte, ja sogar gefährlich werden konnte. Die „Santa Fe" war ein Atom-U-Boot.

So kam er zu einem neuen Rollenverständnis für sich als Kommandanten. Er hörte auf, Befehle zu geben. Stattdessen stellte er Fragen. Von nun an sah er seine Aufgabe darin, auf dem Boot ein Klima zu schaffen, das jedem Crewmitglied die Möglichkeit gab, zu wachsen und gleichzeitig von jedem Einzelnen verlangte, Verantwortung zu übernehmen.

Diese Veränderung war für alle anspruchsvoll; nicht zuletzt für ihn selbst, der gewohnt war, Befehle zu erteilen, denen unwidersprochen Folge zu leisten war. Dank dieser neuen Art der Führung aber entwickelte sich die „Santa Fe" innerhalb kurzer Zeit zu einem der bestbewerteten Schiffe der amerikanischen Flotte.

Was definiert Führung nach herkömmlichem Verständnis?
Führung war – und ist es manchmal leider immer noch – gekennzeichnet von einem Machtgefälle. Die vorgesetzte Person hat Macht und die anderen erkennen das an. Dieses Prinzip üben wir schon in Kindergarten und Schule ein, es ist also tief verwurzelt. Eine Führungsperson stellt uns ein, sagt uns, was wir tun sollen, kontrolliert und bewertet uns, entscheidet über unsere Aufstiegsmöglichkeiten und unser Gehalt und kann uns unter Umständen auch wieder entlassen. Demgegenüber achten wir in der Regel darauf, Anordnungen korrekt umzusetzen und nicht unangenehm aufzufallen. Diese Art der Führung hat für Unternehmen lange funktioniert, aber im digitalen Zeitalter ist sie nicht mehr tauglich, weil sie ein Unternehmen träge macht, Innovation verhindert und kurzfristige Anpassungen an Marktveränderungen verhindert.

Führung muss sich in der digitalen Ära radikal verändern
Wir sind überzeugt, dass Selbstorganisation die Zukunft ist.

> **»** Zentrale Entscheidungsgewalt wird von verteilter Autorität abgelöst werden.

Das bedeutet aber nicht, dass jeder macht, was er will; dass jede nur noch das tut, was ihr Spaß macht. Um Selbstorganisation im Unternehmen zu etablieren, braucht es stabile Rahmenbedingungen:

1. Klarheit: Warum tun wir, was wir tun? Alle müssen die Ziele des Unternehmens kennen und den Sinn des eigenen Beitrags zur Zielerreichung verstehen.
2. Verantwortung und Rollendefinition: Was sind meine Aufgaben – grundsätzlich und im aktuellen Projekt? Wer ist mein Ansprechpartner bei Unklarheiten? Die Mitarbeitenden müssen wissen, welche Rolle sie innehaben und wofür sie verantwortlich sind. Gleichzeitig müssen Führungspersonen bewusst Verantwortung abgeben.

3. Fehlerkultur: Fehler zu machen, muss als Teil des Lernens und der Weiterentwicklung verstanden werden.
4. Feedbackkultur: Gehe ich, gehen wir in die richtige Richtung? Was könnte man verbessern? Feedback auf Augenhöhe ist zentral.

Die Führungsperson von morgen – oder besser schon von heute – benötigt neue Kompetenzen, denn mit Auftragserteilung und Ergebniskontrolle ist es nicht mehr getan. Erfolgreiche Teams sind vielfältig. Die Führungsperson braucht also Mut, anders denkende Kolleginnen und Kollegen, andere Lebensläufe, andere Meinungen ins Team zu holen. Sie muss daher auch offen sein für neue Standpunkte und darüber debattieren können. Gefragt sind mutige Führungspersönlichkeiten, empathisch und authentisch, die aktiv Feedback zur eigenen Leistung einholen. Und die den einzelnen Mitarbeitenden die Möglichkeit geben, sich zu entwickeln und zu wachsen. Das sicherzustellen, liegt in der Verantwortung der Führungsperson. Auch muss die Führungsperson auf die Kräfte des Teams achten und ebenso sinnvoll mit den eigenen Ressourcen umgehen. Eine überzeugende Führungsperson ist ein Vorbild, kommuniziert ihre Werte und lebt dies auch.

Der Wandel in Richtung Selbstorganisation bedeutet Veränderung. Jede Veränderung birgt Um- und Irrwege. Diese sind weder ein Scheitern noch ein Verlust, sondern vor allem die Chance zu lernen und zu reifen. Wo willst du deine Mitarbeitenden in zehn Jahren gerne stehen sehen, fragen wir? An einem anderen Arbeitsplatz? Oder mit dir zusammen in einem innovativen, gedeihenden Umfeld innerhalb deiner erfolgreichen Firma?

Start Small

- Setze dich mit deinem Teammitglied zusammen und erkläre dein Zielbild oder das Ergebnis, das erreicht werden soll und das „Warum" dahinter. Leading by intent ist das Schlüsselwort.
- Erkläre mit Transparenz die Situation (keine Angst! Mitarbeiter können mit Transparenz oft besser umgehen als man denkt), sodass alle im Team das „Warum" verstehen.
- Stelle deinem Team / in deinen 1-to-1s folgende Frage: „Was brauchst du von mir, um deine Rolle besser auszufüllen?"

- Zelebriert eure Fehler. Ein vielleicht extremes Beispiel zum Nachlesen: „Fuckup Nights". Oder zeige und erkläre deine eigenen Fehler, die du gemacht hast, damit das gesamte Team davon lernen kann.
- Frage dein Team nach Feedback – nicht offen, sondern konkret: „Was hättest du an meiner Stelle anders gemacht?"
- Wer ganz real ausprobieren möchte, wie verteilte Autorität funktioniert, der begebe sich in die virtuelle Realität, zusammen mit Angela Maus und Heiko Fischer von Resourceful Humans (2024).

Lesetipp

- Almada (2014), A., Eaton, A., Flores, B., Mondragón, C., Ortiz Espadas, C., Jacob, E., Casas, F., Machina, L., Gasé, M. (2014). The fuckup book. First edition https://www.fuckupnights.com/read/fuckup-book. Failure Institute. Zugegriffen: 9. Mai 2024
- Marquet, D.L. (2015). Turn The Ship Around! A True Story of Building of turning followers into leaders. Penguin Books
- Resourceful Humans (2024). The VR Dive: A virtual reality leadership experience to create ultra-high performing teams. https://www.resourceful-humans.com/the-vr-dive. Zugegriffen: 9. Mai 2024

Weiterführende Literatur

- Höltmann, I. (2015). Leadership unter Wasser. https://www.ingahoeltmann.de/leadership-unter-wasser/ Zugegriffen: 9. Mai 2024

2.2 Warum das Warum wichtiger ist als das Wie und das Was

Das Geheimnis von Motivation

Wir sind uns sicher einig: Ohne Motivation geht nichts – oder nur viel schwerer. Aus unserer Sicht gibt es zu diesem Thema zwei Videos, die du als Führungskraft oder Personaler gesehen und verinnerlicht haben musst. Es sind die TED-Talks von Simon Sinek (2009b) und Dan Pink (2009). Wir sind überzeugt: Danach wirst du dein Unternehmen in Sachen Mitarbeiterinstrumente um Klassen besser aufstellen.

Das „Warum" ist wichtiger als das „Wie" und das „Was"
Simon Sinek, Experte für Führungsqualitäten, erklärt in seinem Talk
„The Golden Circle" eindrücklich, warum es so wichtig ist, in erster
Linie über das „Warum" nachzudenken: Warum tun wir, was wir tun?
Sein Modell des Golden Circle besteht aus drei Kreisen: Im innersten
Kreis steht das „Warum", dieser wird von einem Kreis mit dem „Wie"
umschlossen, der äußerste Kreis enthält das „Was". Sinek verbildlicht
damit, dass wir unser Handeln immer von außen nach innen begründen, also immer erst am Schluss zum Kern der Sache, dem „Warum",
vordringen. Er fordert nun, die Denkweise umzudrehen, sodass am Anfang jeder Handlung das „Warum" erklärt wird, erst nachgelagert das
„Wie" und das „Was". Denn gemäß Sineks Arbeit unterscheiden sich
erfolgreiche Unternehmen von der weniger erfolgreichen Konkurrenz
darin, dass sie das „Warum" klarer beantworten.

Wir können sagen: Während das „Was" und das „Wie" auf trockene
Tatsachen abzielen, spricht das „Warum" die Gefühlsebene an, indem es
nach der inneren Begründung fragt: Warum brenne ich dafür? Welchen
Sinn hat mein Tun? Sinn führt beim Menschen zu einem Gefühl der
Erfüllung und daraus leitet sich seine Handlungsmotivation ab.

In Anlehnung an Sinek folgern wir: Führungskräfte oder Personaler
müssen den Mitarbeitenden nicht sagen, was sie tun sollen oder wie sie
es tun sollen. Wir müssen ihnen lediglich erklären, warum sie es tun
sollen. Oder noch besser: Warum wir es tun wollen, was unsere Motivation ist, was uns daran begeistert. Diejenigen Mitarbeitenden, die diese
Begeisterung teilen, engagieren sich aus einer inneren Motivation für
das Unternehmen und dafür, das „Warum" immer wieder erlebbar zu
machen.

**Selbstbestimmtheit – Perfektionieren des eigenen Könnens – Pur-
pose**
Auch Dan Pink spricht in einem beachtenswerten TED-Talk über Motivation. Er berichtet von der unglaublichen Tatsache, dass die Wissenschaft etwas bewiesen hat, was die Wirtschaft noch immer ignoriert:
Sobald eine Aufgabe auch nur rudimentäre kognitive Fähigkeiten verlangte, führte eine individuelle Belohnung zu schlechteren Leistungen.

Halten wir kurz fest, mit welchem Tool Unternehmen seit vielen Jahren versuchen, Motivation zu steuern: In einem Großteil der heutigen Firmen gibt es einen sogenannten klassischen Performance-Management-Prozess. Mitarbeitende erhalten konkrete Ziele, werden am Jahresende beurteilt, nach den Regeln der Gaußschen Normalverteilung sortiert und erhalten basierend auf dem Rating einen individuellen Bonus. Dieser soll Leistung fördern und Bestleistungen belohnen.

Genau diesen Zusammenhang nimmt Pink in seinem TED-Talk unter die Lupe. Folgende Erkenntnisse nehmen wir mit: Ein Belohnungssystem, das für ein konkret definiertes Ziel eine finanzielle Anerkennung verspricht, erstickt Ideenreichtum im Keim und wirkt im modernen Marktumfeld dysfunktional bis schädlich und verhindert letztlich Innovation. Und auch auf der Motivationsebene entfaltet sich eine nur eher bescheidene Wirkung, denn der Antrieb basiert dabei ausschließlich auf äußeren Anreizen.

» Pink definiert drei Treiber für intrinsische Motivation:

1. Selbstbestimmtheit: Menschen wollen selbstbestimmt leben.
2. Perfektionieren des eigenen Könnens: Menschen wollen etwas erlernen und darin immer besser werden.
3. Purpose: Menschen wollen einen Beitrag leisten und auf ein Ziel hinarbeiten, das größer ist als sie selbst.

Was wir aus diesen TED-Talks lernen
Wir sollten diese Wahrheiten dringend verinnerlichen: Menschen sehnen sich nach Bedeutung, nach Entfaltung, nach Freiheit und Verantwortung. Diesen menschlichen Bedürfnissen müssen Personaler und

Führungskräfte gerecht werden, denn nur darüber werden Mitarbeitende wirklich motiviert. In der Gestaltung von Mitarbeiterinstrumenten können wir dabei an folgenden Stellen ansetzen:

1. Die Mitarbeitenden wollen selbstbestimmt handeln – also geben wir ihnen Verantwortung und Freiheit!
2. Das Bewusstsein, sich in dem, was man tut, permanent zu verbessern, ist befriedigend – also investieren wir in die fachliche und persönliche Entwicklung unserer Mitarbeitenden!
3. Alle haben den Wunsch, im eigenen Handeln einen Impact, einen Beitrag zu etwas Wichtigem, zum großen Ganzen erkennen zu können – also ist es an uns, als allererstes das große „Warum" zu erklären.

Wir sind überzeugt: Wenn wir anfangen, Mitarbeiterinstrumente auf diesem Wissen zu entwickeln, dann werden wir endlich besser werden. Oder deutlicher gesagt: Erst so werden wir zum Erfolg des Unternehmens beitragen.

Start Small

- Ein Beispiel für ein unbeliebtes Thema. Wer macht schon gerne Reportings? Erkläre, warum es ein bestimmtes KPI (Key Performance Indicator) braucht, wer es sich anschaut und was damit gemacht wird. Und ganz nebenbei, stellst du fest, dass du es eigentlich gar nicht brauchst - stoppe das Reporting.
- Gib den gesamten Kontext und erkläre den größeren Rahmen für Entscheidungen.
- Hinterfrage individuelle Entlohnung oder Boni aufgrund von Performance. Sei mutig und frage nach dem „Warum" und was man sich davon erhofft. Zeige auf, wie sich die Entscheidung auswirken kann auf andere Mitarbeiter (und frage doch mal frech, wieso der Sales Mitarbeiter für neue Kunden eine Provision bekommt, der interne Recruiter für eine Neuanstellung aber nicht).

Lesetipp

- Pink, D. (2009). Dan Pink über die überraschende Wissenschaft der Motivation. https://www.ted.com/talks/dan_pink_the_puzzle_of_motivation? language=de Zugegriffen: 9. Mai 2024. Das Material unterliegt dem Urheberrecht von Dan Pink.
- Sinek, S. (2009). Start with Why. How great leaders inspire everyone to take action. Penguin Books.
- Sinek, S. (2009). Wie große Führungspersönlichkeiten zum Handeln inspirieren. https://www.ted.com/talks/simon_sinek_how_great_leaders_ inspire_action?language=de. Zugegriffen: 9. Mai 2024. Das Material unterliegt dem Urheberrecht von Simon Sinek.

2.3 Mit psychologischer Sicherheit zum Unternehmenserfolg

Die Relevanz von psychologischer Sicherheit

Stell dir vor, du arbeitest in einem Team. Und du weißt bei allem, was du machst: Es darf nichts schiefgehen. Und wenn doch etwas schiefgeht, dann darf es keiner merken. Deine Strategien, um Fehler zu verschleiern, sind daher mittlerweile ausgefeilt. Auch würdest du dich hüten, auf Missstände hinzuweisen oder Kritik zu üben. Du bist dir sicher, dies würde am Ende nur negativ auf dich zurückfallen. Falls dir das alles bekannt vorkommt, dann nimm dir Folgendes zu Herzen: Erstens, in deinem Team gibt es keine psychologische Sicherheit. Und daher zweitens, sieh zu, dass du da wegkommst. Solltest du aber selbst der Teamlead sein, dann erklären wir dir nun, wie du dein Team – dank psychologischer Sicherheit – erfolgreicher machen kannst.

> **»** **Psychologische Sicherheit in einem Team bedeutet: Alle Mitglieder wissen, dass sie sich offen äußern, Kritik üben und Fragen stellen dürfen, ohne dafür bestraft zu werden.**

Fragen gelten nicht als Zeichen von Inkompetenz und Fehler nicht als Scheitern, sondern als Möglichkeit, daraus zu lernen. Versuch und Irrtum – also das, was Entwicklung und Innovation vorausgehen – darf man angstfrei wagen. So entsteht eine Lernkultur, in der sich alle stetig verbessern.

Kein Teamerfolg ohne psychologische Sicherheit
Google entdeckte die Relevanz von psychologischer Sicherheit in dem Projekt Aristoteles (Duhigg, 2024). Ziel war es, herauszufinden, was erfolgreiche Teams ausmacht. Dabei testete man verschiedene Annahmen, zum Beispiel, ob es wichtig war, wer in einem Team war, ob die Teammitglieder sich mögen, aus ganz unterschiedlichen Charakteren bestehen. Interessanterweise aber zeigte sich, dass die Zusammenstellung der Teammitglieder keinen Einfluss auf den Teamerfolg hatte. Daraufhin schaute man sich Kultur und Atmosphäre an, indem man den Umgang der Teammitglieder untereinander prüfte. Man fand große Unterschiede in Bezug auf den Teamerfolg. Die zwei ausschlaggebenden Merkmale waren:

1. Wie wechseln sich die Mitglieder beim Sprechen ab?
2. Wie aufmerksam hören sie einander zu?

Die Untersuchung des ersten Aspekts zeigte, dass Teams bessere Entscheidungen treffen, wenn in einem Meeting alle Teammitglieder etwa gleich viel Sprechzeit haben. Die Untersuchung des zweiten Aspekts ergab, dass der Erfolg auch davon abhängt, wie aktiv und aufmerksam Teammitglieder einander zuhören und das auch zeigen, beispielsweise indem sie Rückfragen stellen.

Wir sehen also: Psychologische Sicherheit ist grundlegend für den Teamerfolg. Erst wenn diese vertrauensvolle Atmosphäre gegeben ist, können alle im Team ihre individuellen Qualitäten vollumfänglich einbringen (Delizonna, 2017; Edmondson, 2018).

Keine Wohlfühloase
Psychologische Sicherheit ist also zentral. Uns geht es dabei nicht um das Gestalten einer Wohlfühloase, sondern um die positive Beeinflussung des Unternehmenserfolgs. Wir sehen deshalb Führungskräfte in der Pflicht, psychologische Sicherheit in ihren Teams zu etablieren.

Wie kann das gelingen? Paul Santagata (Vakil, 2024), Head of Industry bei Google, nennt sechs Aspekte:

1. Betrachte dich und dein Gegenüber auch im Konflikt als Team, nicht als Gegner.
2. Sprich von Mensch zu Mensch und sei dir bewusst, dass das Gegenüber die gleichen Ängste und Bedürfnisse hat wie du.
3. Wähle deine Worte bewusst und antizipiere, was sie beim Gegenüber auslösen können. Du kannst deinen Argumenten besser Gehör verschaffen, wenn dein Gegenüber nicht das Gefühl hat, persönlich und grundlegend infrage gestellt zu werden.
4. Mache keine Schuldzuweisungen, sondern übe dich in Neugierde. Nur wenn du dich für die andere Meinung interessierst, entsteht ein Austausch.
5. Frage nach, wie deine Aussage beim Gegenüber angekommen ist und wie du sie besser formulieren könntest.
6. Erhebe die psychologische Sicherheit in deinem Team regelmäßig.

Das Google Projekt Aristoteles zeigte auch, dass sich Teamleistung verbessert, wenn alle Teammitglieder zuverlässig ihren Job machen, jeder Klarheit über die Anforderungen und Erwartungen an die eigene Rolle hat, die Aufgabe des Teams für alle in irgendeiner Weise bedeutsam ist und wenn jedes Teammitglied den Impact und Sinn der eigenen Arbeit erkennt.

Aber den wahren Unterschied macht die psychologische Sicherheit!

Start Small

- Überprüfe dich, ob du wirklich aktiv zuhörst. Stelle Rückfragen bzw. fasse den Punkt deines Teammitglieds zusammen und prüfe, ob du die Person richtig verstanden hast.
- Lebe „agree to disagree", wenn es wirklich mal zu keinem Konsens kommt. Akzeptiere, dass nicht immer alles unisono laufen kann und soll und unterschiedliche Standpunkte förderlich sein können.
- Hinterfrage deine Scherze: niemals auf Kosten von anderen, auch wenn sie in dem entsprechenden Moment als lustig erscheinen.
- Wage es, dich verletzlich zu zeigen.

Lesetipp

- Delizonna, L. (2017). High-performing teams need psychological safety. Here's how to create it. Harvard Business Review. https://hbr.org/2017/08/high-performing-teams-need-psychological-safety-heres-how-to-create-it. Zugegriffen: 9. Mai 2024
- Duhigg, C. (2024). How Google builds the perfect team. https://www.youtube.com/watch?v=v2PaZ8NI2T4. Zugegriffen: 9. Mai 2024.
- Edmondson, A. (2018). The fearless organization: Creating psychological safety in the workplace for learning, innovation and growth. Wiley.
- Vakil, T. (2024). What makes teams successful? Google's project Aristotle came up with these five topics that matter. New Age Leadership. https://newageleadership.com/psychological-safety-team-assessment/. Zugegriffen: 9. Mai 2024

2.4 Mehr Kultur, weniger Regeln: Fehlerkultur fördern

Niemand wird gerne kontrolliert. Alle wünschen sich Vertrauen, auch Mitarbeitende. Die Unternehmensrealität aber ist geprägt von unzähligen Policies, Kontrollinstrumenten und Verhaltenstrainings. Keiner kennt alle Regeln, geschweige denn kann sie sich merken. Aber alle Mitarbeitenden müssen die Policies per Mausklick bestätigen und regelmäßig Trainings dazu absolvieren. Der Nutzen dieser Trainings sei dahingestellt: Viele Mitarbeitende scrollen sich primär durch die Fragen, weil sie nicht auf einer schwarzen Liste landen möchten. Eine Pflichtübung. Dass alle Mitarbeitenden sämtliche Vorschriften kennen, bleibt Wunschdenken.

Wir wollen hier unterscheiden: Natürlich machen Richtlinien Sinn, den Mitarbeitenden den eigenen Handlungsspielraum aufzuzeigen. Daraus schöpfen sie Entscheidungssicherheit bei ihrer Arbeit. Oft schützen sich Unternehmen mittels Policies vor Haftung. Insbesondere in Industrien, die stärker regulatorisch überwacht sind – wie zum Beispiel die Bankenwelt – müssen Firmen auf die Einhaltung von Vorschriften achten. Das ist natürlich wichtig, darauf wollen wir hier aber nicht weiter eingehen. Unser Fokus liegt auf jenen Policies und Kontrollen, die aufgrund eines Fehlverhaltens von Einzelnen installiert und dann auf das ganze Unternehmen ausgerollt werden: Jemand aus dem Team hat bei der Reisekostenabrechnung betrogen? Schon werden Führungskräfte dazu angehalten, sämtliche Reisekosten zu überprüfen – und Finance oder HR werden dies kontrollieren. Keine Spur von Vertrauen.

Wurde das Vertrauen ausgehebelt?
Spricht man mit Compliance-Experten, dann versteht man, dass es nicht deren Ziel ist, Vertrauen zu unterbinden und dafür hunderte von Regelungen einzuführen. Vielmehr wollen sie ein Verständnis dafür schaffen, wo Fallstricke und Risiken liegen. Damit einhergehend wäre eine Kultur wünschenswert, in der Fehler gemacht werden können und

wo man sich darüber austauscht, sodass man einerseits auf Fehler reagieren, andererseits daraus lernen kann, damit diese Fehler künftig nicht mehr gemacht werden. Regeln sollten Vertrauen ergänzen, nicht ersetzen.

Die Policy: Warum und Wie?

Damit eine Policy Wirkung erzielt, muss sie für die Mitarbeitenden plausibel sein. Dazu gehört auch, die Trainings zur Policy auf diejenigen Adressaten zuzuschneiden, die wirklich davon betroffen sind und nicht blind einer ganzen Organisation vorzuschreiben. Wenn eine Policy sinnvoll begründet ist und der Adressatenkreis deren Bedeutung für die eigene Arbeit erkennt, dann steigt die Motivation des Einzelnen, danach zu handeln.

Wäre das „Warum" geklärt, dann bleibt noch die Frage: Wie formuliere ich eine Policy? Oft klingt eine Policy leider so, dass man sich schon beim Lesen wie ein Straftäter fühlt. Das muss nicht sein. Sie sollte so formuliert sein, dass man sich traut, Fehler zu melden. Denn wenn jeder Fehler per se geahndet und der Schuldige bestraft wird, dann hat ein Mitarbeiter ein größeres Interesse daran, den Fehler zu verheimlichen, als ihn zu melden – wodurch ein möglicher Schaden ja erst korrigiert werden könnte.

Der ökonomische Nutzen der Kontrolle

Bei der Kontrolle von Regeln stellt sich immer die Frage: Stehen Kosten und Aufwand in Relation? Rechtfertigt der mögliche ökonomische Schaden eines einzelnen Fehlverhaltens den teuren Aufwand einer breit angelegten Kontrollmaßnahme? Um ein Beispiel zu geben: Eine Mitarbeiterin hat bei der Angabe der Arbeitszeit gelogen, der Schaden beträgt 50 Überstunden im Jahr. Unbestritten, das darf nicht sein und gehört geahndet. Mitarbeitende, die vorsätzlich ihre Firma betrügen, mögen gerne vor die Tür gesetzt werden. Aber ist es deshalb angezeigt, dass nun die Führungskraft, HR und das Auditteam alle Zeitangaben aller Mitarbeitenden überprüfen? Wir meinen nein, das sollte eben punktuell und auf den einzelnen Mitarbeitenden bezogen passieren. Denn eine umfassende Kontrolle ist nicht nur teuer, sondern auch schwierig umzusetzen.

Für welche Fehlerkultur entscheidest du dich?

Fassen wir zusammen: Policies müssen sparsam eingesetzt werden, dann ist auch der Aufwand der Kontrolle überschaubar. Die Policy muss für die Mitarbeitenden Sinn machen. Und sie sollte so formuliert sein, dass die Mitarbeitenden keine Angst vor der Fehlerahndung haben, sondern motiviert sind, allfälliges Fehlverhalten zu melden.

Viel hängt auch hier von der Führungskraft ab und wie sie mit Fehlern umgeht. Kann ich als Mitarbeiter meinem Vorgesetzten vertrauen, oder wird er beim geringsten Fehler als erstes prüfen, ob dieser Fehler in irgendeiner Weise sanktioniert werden muss? Nehmen wir folgendes alltägliches Szenario als Beispiel für zwei alternative Fehlerkulturen: „Wenn du ein Excel ohne Passwort verschickst, dann bekommst du eine Abmahnung." Oder eben: „Wenn du ein Excel ohne Passwort verschickst, dann melde es rasch, sodass wir den Fehler beheben und ein Datenschutzproblem abwenden können."

Liebe Führungskräfte: Fehler passieren und Fehlverhalten existiert, davor schützt keine Policy. Eine gute Fehlerkultur ist daher wichtig. Verdient euch das Vertrauen eurer Mitarbeitenden, besprecht Fehler im Team und diskutiert, wie sie das nächste Mal vermieden werden können. Das ist effizienter und nachhaltiger als Kontrolle und Strafe.

Start Small

- Startet mit Retrospektiven, auch wenn ihr nicht agil arbeitet. Diskutiert offen darüber, was gut und was nicht funktioniert in eurer täglichen Arbeit im Team. Und stellt bewusst die Frage, was ihr daraus gelernt habt.
- Probiert in größeren Gruppen sogenannte „Semmelfrühstücke[1]", „Failure Partys" oder „Fuckup Nights" (2014) aus, zum Beispiel im Rahmen einer Fehlerkultur-Initiative.
- Führungskräfte vor – es ist sicherlich hilfreich, wenn ihr über Fehler berichtet, die euch passieren.

---

[1] Der Begriff "Semmelfrühstück" wird im deutschen Sprachraum verwendet, um eine Situation zu beschreiben, in der etwas versemmelt oder vermasselt wurde. Es ist eine umgangssprachliche Redewendung, die sich auf das Bild eines Frühstücks aus Semmeln (Brötchen) bezieht, das unordentlich oder verpfuscht ist. Wenn man also etwas „versemmelt" hat, bedeutet das im übertragenen Sinne, dass man etwas falsch gemacht oder einen Fehler begangen hat.

- Stellt im nächsten All Company Meeting die Top-10 Fehler des letzten Quartals vor und insbesondere, was daraus gelernt wurde. Prämiert die Gewinner-Teams.

Lesetipp

- Almada, A., Eaton, A., Flores, B., Mondragón, C., Ortiz Espadas, C., Jacob, E., Casas, F., Machina, L., Gasé, M. (2014). The fuckup book. First edition https://www.fuckupnights.com/read/fuckup-book. Failure Institute. Zugegriffen: 9. Mai 2024

Weiterführende Literatur

- Scheitern tut weh, die Fehler-Ausgabe (2023). Neue Narrative. Das Magazin für neues Arbeiten. Ausgabe 17

2.5   Lernen und Verlernen – Lebenslang!

Lernen! Oder wir sind raus

Heutzutage ist es nicht einfach, eine Führungskraft zu sein.

> **»** Wir leben in neuen Realitäten mit grundlegend neuen Herausforderungen.

Unsere Gesellschaft steht vor einem Sprung nach vorn, ähnlich wie zur Zeit der industriellen Revolution. Das bedeutet Veränderungen in Technologie, in gesellschaftlichen Machtstrukturen und innerhalb von Organisationen. Auch die Art und Weise, wie wir zusammenarbeiten, ist davon betroffen. Wer erfolgreich bleiben will, braucht vor allem die folgenden fünf Fähigkeiten:

1. Sense and Respond – Wahrnehmung und Reaktion
Tempo und Ausmaß des gegenwärtigen Wandels sind enorm. Selbst der Charakter des Wandels verändert sich. Er hat weder Anfang noch Ende und vollzieht sich ständig und überall, ob bei der Arbeit oder im Privatleben. Diese Dynamik verlangt von uns, laufend auf neue Realitäten zu reagieren, neue Fähigkeiten zu erlernen und mit neuen Technologien umzugehen.
Auch früher verfügten wir über Methoden, um Wandel zu bewältigen. Die aktuelle Realität überholt jedoch unsere eingeübten Strategien, wir können den Wandel nicht mehr wie früher „managen". Stattdessen müssen wir mit den sich ändernden Anforderungen Schritt halten und auf sie reagieren, permanent und schnell. Brian Robertson und Frédéric Laloux verwenden dafür das Bild des Fahrradfahrens: Wir bewegen uns in eine Richtung, sind dabei immer präsent und reagieren auf Veränderungen in unserer Umgebung – nur so kommen wir heil ans Ziel. Das Umfeld wahrnehmen und stets adäquat darauf reagieren, das ist es, was wir auch im Geschäftsleben tun müssen. Sense and Respond macht eine evolutionäre Führung aus. Agile Methoden wie Design Thinking helfen uns dabei.

2. Resilienz – Anpassungsfähigkeit
Tempo, Menge und Komplexität des Wandels sind bisweilen überwältigend, auch für unsere Gesundheit. Während gesundheitliche Probleme früher einen rein privaten Charakter hatten, gehören sie heute auch in die Verantwortung von Führungskräften. Burn-out ist nicht länger zu vernachlässigen, sondern ist trauriger Teil der täglichen Arbeit.
Um mit der Ungewissheit des schnellen Wandels umzugehen, benötigen Menschen Resilienz. Darunter versteht man die innere Stärke, Stress und Schwierigkeiten zu bewältigen. Resilienz hilft, Rückschläge zu verkraften und Herausforderungen zu meistern. Selbstreflexion ist ein grundlegender Aspekt der Resilienz. Beides kann durch Achtsamkeit aufgebaut werden. Achtsamkeit ist ein bewusstes Sein, das durch konzentrierte, nicht wertende Aufmerksamkeit entsteht. Je achtsamer wir sind, desto widerstandsfähiger werden wir. Resilienz ist wichtig für das Individuum, aber auch für Teams und Unternehmen.

3. Lifelong Learning – lebenslanges Lernen
Bildung hört nicht mit einem schulischen Abschluss auf. Wir können uns weder darauf verlassen, was wir in unseren Zwanzigern gelernt haben, noch uns auf unserer vielleicht jahrzehntelangen Berufserfahrung ausruhen. Die Aneignung von immer wieder neuen Fähigkeiten muss sich heute über das ganze Leben erstrecken. Gerade hier sehen wir die Herausforderung, dass zwar viele junge Menschen Digital Natives sind, aber ältere Generationen erst lernen müssen, wie man mit Computeranwendungen, Fernunterricht oder Massive-Open-Online-Course-Angeboten weiteres Wissen erwerben kann.
4. Unlearn – veraltete Muster ablegen
„Das haben wir schon immer so gemacht!" Mit diesem Totschlagargument ist Scheitern heutzutage vorprogrammiert. Denn um auf die sich wandelnde Realität zu reagieren, müssen wir uns von alten Handlungsmustern und Denkweisen verabschieden. Diese Notwendigkeit des Loslassens fordert uns ganz besonders. Was uns früher erfolgreich gemacht hat, taugt heute nicht mehr. Gleichzeitig wissen wir noch nicht genau, was morgen notwendig ist, um erfolgreich zu sein. Darüber hinaus verlieren wir beim Loslassen nicht nur unser vertrautes Instrumentarium, sondern vielleicht auch Macht und Status. Von den jetzigen Mitgliedern des Topmanagements – viele gehören der Babyboomer-Generation an – scheint bisher nur eine kleine Gruppe bereit, loszulassen. So führen Unternehmen agile Methoden ein, während das Topmanagement hierarchisch, wie eh und je, agiert. Das kann nicht funktionieren und demotiviert alle Mitarbeitenden, die nach agilen Methoden arbeiten sollen.
5. Team Building – Aufbau von starken Teams
Wir erleben eine starke Verlagerung von individueller zu kollektiver Intelligenz. Während in der Vergangenheit das individuelle Leistungsmanagement im Vordergrund stand, müssen wir heute das Beste aus einem Team herausholen. Der Aufbau erfolgreicher Teams ist eine essenzielle Fähigkeit, die Führungskräfte lernen müssen. Anregungen liefern dir das Kapitel zur psychologischen Sicherheit und Ansätze, wie man erfolgreiche Teams zusammenstellt (Abschn. 2.3).

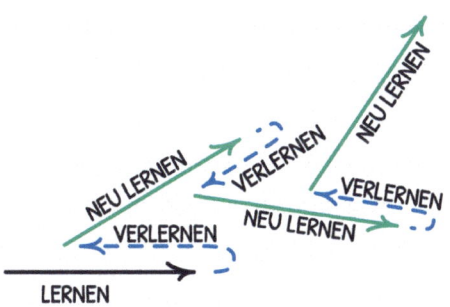

Start Small

- Blocke alle 2 Wochen Zeit im Kalender deines Teams (für Lifelong Lear-ning) und definiere mit dem Team die Lerninhalte. Oder teile dein Wis-sen und fördere den Austausch – das muss nicht durch teure Entwick-lungsprogramme passieren, sondern in dem du Artikel, Podcasts, Posts und sonstige Dinge zu relevanten Themen aktiv teilst und erklärst.
- Stelle eine „Ja, aber …" Kasse auf. Jedesmal, wenn jemand bei einer Dis-kussion „Ja, aber …" sagt, muss die Person einen Euro in die (eventuell auch virtuelle) Kasse werfen. Ein „Ja, aber …" verhindert alleine schon verbal das Aufkeimen von Ideen - probiere es mal mit einem „Ja, und …".
- Achte auf deine Gesundheit und sprich darüber. Macht es zum „Nor-mal", dass man in der Mittagspause zum Sport geht, nicht zum ver-schämten „Ich schleiche mich davon", damit ja keiner denkt, dass ich meine Arbeit nicht ernst nehme.
- Wenn du viel im Home-Office arbeitest: mache „walking calls" und rege auch andere dazu an – das hilft, die mentale Belastbarkeit zu steuern und einen Ausgleich zu schaffen.
- „Change the perspective". Lass andere Blickwinkel explizit zu und hole dir Anregungen von außen (außerhalb des eigenen Teams), z. B. durch den Besuch externer Workshops.

Lesetipp

- Laloux, F. (2016): Reinventing Organizations. An illustrated Invitation. Nelson Parker.
- Robertson, B. (2016). Holacracy. Ein revolutionäres Management-System für eine volatile Welt. Vahlen.

2.6   Der Konsent wird selbstverständlich

Lasst uns den Entscheidungsprozess (r)evolutionieren!
Wie wäre es, wenn einem Team ein Gehaltstopf zur Verfügung stünde und die Teammitglieder unter sich das Gehalt selbst verteilen könnten? Oder wenn sich im Unternehmen jeder zu allen Entscheidungen auf Mentimeter (2024), einer interaktiven Präsentationssoftware, einbringen könnte und basierend darauf gehandelt würde? Unvorstellbar? Nicht unbedingt – aber für die meisten Unternehmen sicherlich extrem out-of-the-box.

Denn Entscheidungen werden klassischerweise top-down getroffen und kränkeln daran, dass sie von den falschen Personen gefällt werden. Nämlich von jenen, die weder über das Fachwissen verfügen noch in die verhandelte Aufgabe miteinbezogen sind. Die obere Führungsebene trifft Entscheidungen anhand von Entscheidungsvorlagen. Diese sind mal besser und vollständiger, mal schlechter und lückenhafter – und so sind dann auch die daraus resultierenden Entscheidungen immer wieder mangelhaft aufgrund fehlender Informationen.

Konsent oder Konsens? Ganz sicher Konsent!
Agile Unternehmen reagieren auf diesen Missstand. Sie verlagern Entscheidungen in die einzelnen Teams und somit dahin, wo das Wissen, die Kompetenz und die von der Entscheidung betroffenen Mitarbeitenden vereint sind. Monumentale, übergelagerte Grundsatzplanungen fallen weg zugunsten fundierter, kleiner Kurskorrekturen vor Ort. Dieses Vorgehen ist angelehnt an das evolutionäre Prinzip der natürlichen Entwicklung.

Gleichzeitig werden in agilen Unternehmen Entscheidungen im Konsent getroffen, was nicht zu verwechseln ist mit einem Konsens. Konsens bedeutet, dass man eine übereinstimmende Meinung findet ohne Widerspruch. Wir diskutieren also alle so lange bis wir mit der Entscheidung einverstanden sind. Ganz anders hingegen die Konsent-Entscheidung.

Eine Entscheidung ist angenommen, solange niemand einen schwerwiegenden Einwand hat (Impulsbüro, 2024). Dabei gilt:

Schwerwiegend sind nur jene Einwände, die als Folge der Entscheidung einen Schaden für das Unternehmen antizipieren. In kurz:

>> Konsens ist, wenn alle dafür sind; Konsent, wenn keiner dagegen ist.

In agilen Organisationen suchen wir den Konsent (Rüther, 2024): Alle Involvierten werden zu einer Entscheidung angehört. Wird sie von allen unwidersprochen als nicht schädlich erachtet, dann ist sie akzeptiert.

Entscheidungen nach dem Konsent-Prinzip orientieren sich also ausschließlich an der Frage: Ist es für das Unternehmen sicher genug? Dies macht handlungsfähig und verhindert gleichzeitig den Totalschaden. Wichtige Organisationsregeln und -strukturen bewahren zusätzlich davor, dass die Pförtnerin das Unternehmen verkaufen kann. Will heißen: Nicht jeder kann alles machen und entscheiden, aber viele – alle, die von der Entscheidung betroffen sind und die etwas beizutragen haben – können mitreden.

Ein Beispiel einer Konsent-Entscheidung
Ein Recruiterin stellt im Team-Meeting den Antrag, die Kündigungsfrist aller Mitarbeiter von sechs Monaten auf einen Monat zu reduzieren. Nachdem sie erklärt hat, warum sie die Frist verkürzen möchte, äußern sich alle Teilnehmenden der Reihe nach. Die Personalleiterin wirft kritisch ein, dass man so schnell niemanden ersetzen könne. Die Juristin wiederum hat keine Einwände. So geht es reihum, die Recruiterin hört sich alle Meinungen an. Darauf ändert sie ihren Antrag dahingehend, die Kündigungsfrist von sechs auf neu drei Monate zu verkürzen. Wieder wird die Runde gefragt: Gibt es einen schwerwiegenden Einwand oder ist es für das Unternehmen sicher genug, dies auszuprobieren? Wenn diese Frage mit „Ja" beantwortet wird, kann die Recruiterin ihr Vorhaben umsetzen.

Möglich wäre aber auch: Nach Anhörung aller will die Recruiterin an ihrem Antrag, die Kündigungsfrist auf einen Monat zu verkürzen, festhalten. Eine Hire-and-Fire-Kultur stellt aber ein Reputationsrisiko dar, und Mitarbeitende lassen sich so kurzfristig eben auch nicht ersetzen. Die Frage nach der genügenden Sicherheit müsste verneint werden, das Anliegen würde nach dem Konsent-Prinzip abgelehnt.

Take-Home Message
Gehen wir zum Anfang des Kapitels zurück. Wir wollen den Entscheidungsprozess (r)evolutionieren. Wieso nicht einfach mit kleinen Schritten starten? Das Team muss nicht gleich seinen eigenen Lohn bestimmen, aber wenigstens in die Entscheidungen, die es betreffen, miteinbezogen werden. Es müssen auch nicht gleich alle Mitarbeitenden über Mentimeter die großen, strategischen Leitplanken setzen, aber man könnte transparenter informieren und Mitarbeitende stärker in den Prozess involvieren, sodass alle gehört werden und die finale Entscheidung – auch wenn sie diese selbst nicht favorisiert hätten – nachvollziehen und somit auch akzeptieren können.

Wir merken uns: Es muss nicht alles auf höchster Hierarchiestufe entschieden werden. Die Einbindung der Mitarbeitenden in Entscheidungen bringt drei unübertroffene Vorteile: Erstens, Entscheidungen werden besser. Zweitens, das Unternehmen wird dynamischer. Und drittens, die Motivation der Mitarbeitenden bleibt hoch, was besonders wichtig ist, denn für das Gedeihen des Unternehmens sind sie das wichtigste Asset.

Uns ist bewusst, dass sich dieser Inhalt leichter liest, als ihn in der Praxis umzusetzen. Es hört sich oft einfach an, aber muss bewusst gelernt werden.

Start Small
- Nimm dir Zeit, Konsent und Konsens überhaupt mal zu erklären in deinem Team.
- Motiviere deine Teammitglieder, eine neue Idee / Initiative mit ins Team-Meeting zu nehmen.
- Nachdem die Initiative erklärt wurde, stellt euch folgende Fragen:
  1. Gibt es einen schwerwiegenden Einwand im Hinblick auf diese Initiative?

2. Falls nein, stellt euch folgende Fragen:
   - Is it good enough for now? (Ist es gut genug, in diesem aktuellen Moment?)
   - Is it safe enough to try? (Ist es sicher genug, um es auszuprobieren?)
3. Falls das alle bejahen, kann die Initiative umgesetzt werden.

• Lade dir die Karte Governance-Prozess von Holakratie (2021) herunter und nutze die Anleitung in deinem nächsten Team-Meeting, um die Konsent-Entscheidung auszuprobieren.

Lesetipp

• HolacracyOne (2021). Moderationskarte Governance Meeting. Offizielle Regeln und Erwartungen verändern. https://drive.google.com/file/d/1xi qv5JVCK4WpkOFcD4ApzUJ2QSMtRLMm/view Zugegriffen: 9. Mai 2024
• Mentimeter.com (2024). Interaktive Präsentationssoftware. https://www.mentimeter.com/. Zugegriffen: 9. Mai 2024
• Rüther, C. (2024). KonsenT. https://www.soziokratie.org/elemente/konsent-soziokratie-konsent-moderation/ Zugegriffen: 9. Mai 2024
• Impulsbüro (2024). https://www.impulsbuero.at/konsent-oder-konsens/ Zugegriffen: 25. Mai 2024

2.7 Alles klar, oder?

Klarheit – der Schlüssel zum Erfolg

Unseres Erachtens wird Klarheit komplett unterschätzt. Gerade in Netzwerk-Hierarchien, die ihre Zusammenarbeit über Ziele und Rollen organisieren, sind Transparenz und Klarheit über die Strategie, über den individuellen Beitrag, über das „Warum?" entscheidend – und nebenbei wäre ihr Vorhandensein auch wünschenswert in traditionell geführten Unternehmen. Tatsache aber ist häufig: Klarheit fehlt, die linke Hand weiß nicht, was die rechte tut und schon gar nicht, warum. Wir hören Führungsverantwortliche oft klagen, die Mitarbeitenden würden nicht mitdenken. Dabei geht vergessen, dass die Mitarbeitenden nicht am

Tisch der Entscheidungen sitzen und ihnen somit ganz viel Hintergrundwissen fehlt. Jedoch: relevant mitdenken, ohne über die einschlägigen Informationen zu verfügen, ist unmöglich.

Wo liegt das Problem?

Du denkst jetzt vielleicht: Das kann ja nicht so schwierig sein, Ziele und Arbeitsaufträge zu klären. Doch! Wenn wir ehrlich sind, dann denken wir im HR, der Fachabteilung oder eben auch auf Stufe C-Level oft: Dieses Detail haben wir doch genannt, die Initiative im Town Hall vorgestellt, die Herausforderungen für alle skizziert, die Strategie offengelegt. Gut möglich, dass all diese Kommunikationsmaßnahmen stattgefunden haben. Dabei vergessen wir leider, was wirklich zählt: nämlich, ob der Inhalt bei den Mitarbeitenden angekommen ist. Wenn die Information nicht deutlich genug transportiert wird, kann man sagen: gut gemeint, schlecht gemacht. Schlimmer, aber leider nicht gerade selten ist es, wenn aufgrund von Bedenken unvollständig kommuniziert wird: Das ist zu heikel; damit können die Mitarbeitenden nicht umgehen; das ist nicht so wichtig; das müssen wir nicht sagen, ist sowieso jedem klar. Die Liste lässt sich beliebig fortsetzen. Kurzum: Es mangelt an Transparenz, und das wissen wir auch.

Grundsätzlich sollten wir uns daran erinnern, dass wir alle erwachsene Menschen sind – und auch als solche behandelt werden möchten. Wir wollen keine Bevormundung, wir wünschen uns Vertrauen. Vertrauen wiederum zeigt sich in einer offenen Kommunikation. In unseren Augen sollte sich eine Unternehmung daher von folgendem Zusammenhang leiten lassen: Vertrauen in die Mitarbeitenden zu setzen bedeutet, transparent zu kommunizieren. Transparente Kommunikation ruft beim Einzelnen das Gefühl hervor, ernst genommen zu werden, was wiederum die intrinsische Motivation fördert. Und darauf beruht der Erfolg des Unternehmens.

Klare Kommunikation geht nicht nur mit Vertrauen Hand in Hand, sie befähigt auch die Mitarbeitenden in ihrer Arbeit und in ihren Entscheidungen.

» Mitarbeitende können erst unternehmerisch mitdenken und handeln, wenn sie über alle notwendigen Informationen verfügen.

Als Beispiel: Wenn wir nicht klar verständlich machen, warum das Unternehmen einen Strategiewechsel benötigt, wie sollen die Mitarbeitenden dann die Notwendigkeit verstehen? Wenn aber das Verständnis dafür fehlt, dann wird der Wandel als unnötige, zusätzliche Arbeitsbelastung erachtet, die man als Mitarbeitender wohl oder übel hinnehmen muss. Aber niemand wird sich aktiv für den Strategiewechsel einsetzen – dementsprechend schleppend dürfte er vonstattengehen und dementsprechend spät erst dürfte der positive Impact messbar werden. Womit wir auch beim Thema Kosten angekommen wären: Unklare Kommunikation belastet nicht nur die Mitarbeitenden, ihre Motivation und die Qualität ihrer Arbeit, sondern ganz schnell auch das Budget.

Was können wir also tun?
Klarheit ist wichtig, an transparenter Kommunikation hapert es aber häufig. Wir sollten darüber nachdenken, wie wir dieser Herausforderung begegnen können. Wieso nicht einfach bei den Mitarbeitenden nachfragen: Ist euch klar, wohin wir als Unternehmen wollen? Habt ihr alle Informationen, die ihr benötigt, um in eurem Bereich einen Beitrag zu leisten? Und dann hört den Mitarbeitenden zu, bringt ihre Kritik an den Tisch der Entscheider, legt den Wert einer transparenten Kommunikation dar und zeigt Handlungsoptionen auf, um Klarheit zu fördern: Geht es nur darum, Entscheidungen deutlicher zu begründen? Oder braucht es eine regelmäßige Fragerunde mit dem CEO? Oder wäre die Lösung, dass LineManager ihre Teams direkter, regelmäßiger und transparenter informieren? Fantasie ist gefragt! Denn Klarheit im Unternehmen zu etablieren, ist eine der wichtigsten Zukunftsaufgaben. Es lebe das Prisma der Klarheit.

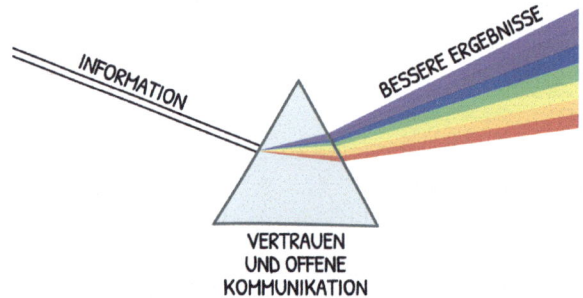

DAS PRISMA DER KLARHEIT

INFORMATION

BESSERE ERGEBNISSE

VERTRAUEN
UND OFFENE
KOMMUNIKATION

Start Small

- Nutze in einem Team-Meeting oder All Company Meeting deine eigene Sichtweise auf ein Thema der Organisation zu geben und zu erklären, wieso dies wichtig ist und was du persönlich dazu denkst oder auch eventuell infrage stellst. Solche Transparenz hilft, das Team zu anderem Handeln zu bringen.
- Mach dir Gedanken zu:
  - Welche Information wollen wir als Team (oder als Organisation) dem Rest der Organisation zur Verfügung stellen?
  - Wo speichern wir die Informationen (z. B. auf einer internen Share-point-Seite)?
  - Wie halten wir die Informationen up to date?
- Wiederhole wichtige Informationen (in Meetings, in All Company Meetings, in individuellen 1-to-1s).
- Frage aktiv in deinem Team nach: „Hast du die Strategie verstanden? Was fehlt dir, damit du sie verstehst?"
- Lass dein Team in eigenen Worten zusammenfassen, was die Strategie oder das Produkt deiner Firma ist – und lasse es im Team präsentieren.

Weiterführende Literatur

- Patterns Sociocracy 3.0. (2024). The principle of transparency. https://patterns.sociocracy30.org/principle-transparency.html Zugegriffen: 9. Mai 2024

Literatur

Almada, A., Eaton, A., Flores, B., Mondragón, C., Ortiz Espadas, C., Jacob, E., Casas, F., Machina, L., Gasé, M. (2014). *The fuckup book*. First edition. Failure Institute. https://www.fuckupnights.com/read/fuckup-book. Zugegriffen: 9. Mai 2024

Delizonna, L. (2017). *High-performing teams need psychological safety. Here's how to create it*. Harvard Business Review. https://hbr.org/2017/08/high-performing-teams-need-psychological-safety-heres-how-to-create-it. Zugegriffen: 9. Mai 2024

Duhigg, C. (2024). *How Google builds the perfect team*. https://www.youtube.com/watch?v=v2PaZ8Nl2T4. Zugegriffen: 9. Mai 2024.

Edmondson, A. (2018). *The fearless organization: Creating psychological safety in the workplace for learning, innovation and growth*. Wiley.

HolacracyOne. (2021). *Moderationskarte Governance Meeting*. Offizielle Regeln und Erwartungen verändern. https://drive.google.com/file/d/1xiqv5JVCK4WpkOFcD4ApzUJ2QSMtRLMm/view. Zugegriffen: 9. Mai 2024

Impulsbüro. (2024). https://www.impulsbuero.at/konsent-oder-konsens/. Zugegriffen:25. Mai 2024

Laloux, F. (2016). *Reinventing Organizations. An illustrated Invitation*. Nelson Parker.

Marquet, D. L. (2015). *Turn The Ship Around! A True Story of Building of turning followers into leaders*. Penguin.

Mentimeter.com. (2024). *Interaktive Präsentationssoftware*. https://www.mentimeter.com/. Zugegriffen: 9. Mai 2024

Pink, D. (2009). *Dan Pink über die überraschende Wissenschaft der Motivation*. Das Material unterliegt dem Urheberrecht von Dan Pink. https://www.ted.com/talks/dan_pink_the_puzzle_of_motivation?language=de. Zugegriffen: 9. Mai 2024.

Resourceful Humans. (2024). *The VR Dive: A virtual reality leadership experience to create ultra-high performing teams*. https://www.resourceful-humans.com/the-vr-dive. Zugegriffen: 9. Mai 2024

Robertson, B. (2016). *Holacracy. Ein revolutionäres Management-System für eine volatile Welt*. Vahlen.

Rüther, C. (2024). *KonsenT*. https://www.soziokratie.org/elemente/konsent-soziokratie-konsent-moderation/. Zugegriffen: 9. Mai 2024.

Sinek, S. (2009a). *Start with Why. How great leaders inspire everyone to take action*. Penguin.

Sinek, S. (2009b). *Wie große Führungspersönlichkeiten zum Handeln inspirieren.* Das Material unterliegt dem Urheberrecht von Simon Sinek. https://www.ted.com/talks/simon_sinek_how_great_leaders_inspire_action?language=de. Zugegriffen: 9. Mai 2024.

Vakil, T. (2024). *What makes teams successful? Google's project Aristotle came up with these five topics that matter.* New Age Leadership. https://newageleadership.com/psychological-safety-team-assessment/. Zugegriffen: 9. Mai 2024.

Weiterführende Literatur

Höltmann, I. (2015). *Leadership unter Wasser.* https://www.ingahoeltmann.de/leadership-unter-wasser/. Zugegriffen: 9. Mai 2024.

Patterns Sociocracy 3.0. (2024). *The principle of transparency.* https://patterns.sociocracy30.org/principle-transparency.html. Zugegriffen: 9. Mai 2024.

Scheitern tut weh, die Fehler-Ausgabe. (2023). *Neue Narrative. Das Magazin für neues Arbeiten.* Ausgabe 17.

3

Die Methoden der Zukunft

Zusammenfassung Diese Kapitel nehmen die Leser mit auf eine faszinierende Reise durch wegweisende Methoden, die die Zukunft der Arbeitswelt prägen werden. Beginnend mit der Selbstorganisation und ihrer herausragenden Vertreterin, der Agilität, werden nicht nur ihre Vorzüge, sondern auch kritische Grenzen hinterfragt. Im Anschluss wird die „People Experience" in den Fokus gerückt, die aufzeigt, wie die Integration von User Experience in verschiedenen Unternehmensbereichen das Leben der Mitarbeiter vereinfacht und positive Interaktionen fördert. Design Thinking wird als kreativer Ansatz präsentiert, der nicht nur Lösungen hervorbringt, sondern die Mitarbeitererfahrung revolutionieren kann. Der „Check-in" taucht als einfaches, doch wirkungsvolles Tool auf, das Meetings effizienter gestaltet und die Teamdynamik fördert. Abschließend wird die Bedeutung von datengetriebenen Ansätzen betont, die fundierte Entscheidungen in einer zunehmend digitalen Welt ermöglichen. Gemeinsam bieten diese Methoden eine einzigartige Chance, die Arbeitslandschaft von morgen aktiv zu gestalten und innovative Wege für die Zukunft zu ebnen.

© Der/die Autor(en), exklusiv lizenziert an Springer Fachmedien Wiesbaden GmbH, ein Teil von Springer Nature 2024
C. Hübschen, C. Lass und J. Opardija *Workvolution: In 5 Minuten Kultur verändern*,
https://doi.org/10.1007/978-3-658-45513-2_3

3.1 Agil heißt nicht planlos und Selbstorganisation nicht Anarchie

Agil mit Plan

Es gibt verschiedene Organisationsmodelle: vom hierarchischen Modell über die Matrix bis zur Netzwerkorganisation. Die Entwicklung weg vom klassisch-hierarchischen Modell hin zu Netzwerkstrukturen liegt im Trend. Wo sich die Macht früher beim Management konzentrierte, wird sie nun im Unternehmen verteilt. Neue Organisationsmodelle krempeln dabei nicht nur die Strukturen um, sie verändern auch die Arbeitsweise. Agile Methoden gehören mittlerweile zum Standardrepertoire von vielen Unternehmen und ermöglichen diesen, mit den sich laufend ändernden Anforderungen des Marktes Schritt zu halten.

Agil und selbstorganisiert arbeiten: Kann das funktionieren?

Kritiker monieren, in agilen Unternehmen mache einfach jeder, was er wolle. Dem muss man deutlich widersprechen. Klar ist: Agiles Arbeiten funktioniert nicht für alle Unternehmen und für alle Jobs gleich gut (dazu kommen wir später noch). Ebenso klar aber ist: Es gibt bereits heute viele Firmen, die beispielsweise holakratisch organisiert und damit erfolgreich sind (Holacracy Foundation, 2024).

>> Denn agil ist nicht planlos, wirr und chaotisch. Im Gegenteil, agile Modelle und Selbstorganisation folgen klaren Regeln und strukturierten Prozessen.

Nehmen wir als Beispiel die Holakratie (Robertson): Sie basiert auf Regelwerken, die Werte, Prinzipien, Prozesse und Verhalten in klare Strukturen gießen. Diese verbindlichen Grundlagen nennt man die Holakratie-Verfassung (Dwarfs und Giants, 2021). Sie sind für den Erfolg von Holakratie unerlässlich.

Viele Vorteile

Bei der Selbstorganisation – hier am Beispiel der Holakratie – sehen wir folgende Vorteile:

1. Ein klares, verbindliches Regelwerk ist vorhanden und bedeutet Stabilität.
2. Teams organisieren sich in Kreisen und Rollen; jeder Mitarbeitende weiß verbindlich, welches seine Rolle ist.
3. Rollen lassen sich immer wieder neu definieren, so ist die Anpassung des Unternehmens an neue Gegebenheiten schnell und zuverlässig sichergestellt.
4. Macht verschiebt sich von konzentrierter Autorität zu verteilter Autorität.
5. Meetings sind in Ziel und Inhalt klar definiert, Emotionen bleiben außen vor.
6. Transparenz hat einen hohen Stellenwert.
7. Es gilt Konsent anstelle von Konsens. Während sich beim Konsens alle Beteiligten bei einem Entscheid einig sein müssen, beruht das Konsent-Prinzip darauf, dass nur ein schwerwiegender Einwand, der vor möglichen, massiv schädlichen Folgen warnt, in der Entscheidungsfindung beachtet werden muss. Es müssen also nicht immer alle mit einer Entscheidung einverstanden sein, großer Schaden durch falsche Entscheidungen soll aber verhindert werden. Das Konsent-Prinzip hat den Vorteil, dass das Argument zählt, nicht die Mehrheit und verhilft so zu einer schnelleren Entscheidungsfindung.

Voraussetzungen für agiles Arbeiten

Der Wandel von der klassischen zur agilen Organisation bedeutet ein Paradigmenwechsel. Für die Umstellung benötigen die Mitarbeitenden auf allen Hierarchiestufen Zeit, um sich fundiert mit der neuen Methode auseinanderzusetzen. Viele Unternehmen beanspruchen für diesen diffizilen Prozess ein Coaching.

Agile Organisationsformen benötigen umfassende Informationsstrukturen. Zusätzlich verlangen sie von allen Beteiligten – von Mitarbeitenden genauso wie von Führungskräften – den aktiven Willen, eigene Denkschemata und Erwartungshaltungen zu hinterfragen, neue Strukturen zu erkunden und sich im Austausch mit anderen auf fremde Gedanken, Ideen und Abläufe einzulassen. Jeder Einzelne muss diese Arbeit am eigenen Mindset leisten wollen. Auf der emotionalen Ebene bedingt agiles Arbeiten eine Vertrauenskultur, die im Bewusstsein aller fest verankert ist. Und natürlich müssen alle das Regelwerk kennen, verstehen und sich diesem verpflichtet fühlen.

Der Wandel ist anspruchsvoll. Anders handeln und neu denken – das muss man wirklich ernsthaft wollen. Um sich selbst nicht zu überfordern, sollte man sich immer wieder vergegenwärtigen, dass Selbstorganisation ein großer Schritt ist, kein Selbstläufer.

Agiles Arbeiten am Beispiel des Projektmanagements
Basierend auf Werten aus dem agilen Manifest (Beck et al., 2001) und agilen Prinzipien haben sich verschiedene agile Prozesse gebildet, zum Beispiel die Scrum Methode. Die Scrum Methode definiert die Rollen und Aufgaben im Team. Die Projektplanung wird über Releases und Sprints geregelt. Die Aufgabeneinheiten sind relativ klein. Nach jedem Sprint wird das Zwischenergebnis überprüft. So können stets neue Eckdaten einbezogen und nächste Schritte gemeinsam definiert werden. Anforderungen werden dabei in einem Produkt Backlog festgehalten. Das Team trifft sich zu Daily Scrums, Sprint Reviews und Retrospektiven. Auch der Auftraggeber wird konstant miteinbezogen.

Der Unterschied zum klassischen Projektmanagement liegt einerseits in der iterativen Lösungsentwicklung, andererseits darin, dass die Verantwortung auf ein Team verteilt ist und nicht alleine beim Projektleiter liegt. So werden Führungskräfte entlastet, Mitarbeitende gewinnen an Verantwortung. Alle Beteiligten wachsen mit ihren Aufgaben und entwickeln sich permanent weiter. Auf Marktveränderungen oder Kundenwünsche kann schneller und flexibler reagiert werden. Eine ausgedehnte Planungsphase, die versucht, alle Eventualitäten vorherzusehen, wird überflüssig. An ihre Stelle treten kürzere Entwicklungszyklen, dank welchen sich das Projekt fortlaufend dem neuen Ist-Zustand anpassen lässt, was Budgets und Zeitpläne entlastet.

Tab. 3.1 Mini-Matrix, angelehnt an Kanban

Backlog (to Do)	Initiativen – im Sprint (Doing)	Done
An welchen Themen wollen wir arbeiten, haben aber aktuell keine Kapazität	Initiativen, an denen wir aktiv arbeiten	Erledigte Initiativen

Grenzen der agilen Organisation

Nicht für jeden Unternehmensbereich oder jede Abteilung ist agil die passende Organisationsform. Repetitive Aufgaben oder zwingend festgeschriebene Handlungsabläufe wirken limitierend.

Und natürlich spielt auch das Individuum eine Rolle dabei, ob die agile Organisationsform zum Erfolg führt. Es gibt Menschen, die arbeiten gerne in engeren Strukturen, Selbstorganisation hingegen überfordert sie. Andere wiederum fühlen sich in den Routinen der klassischen Organisation eingeengt und verlieren jegliche Motivation, laufen aber in agilen Strukturen zur Hochform auf. Exzellente Führungsqualität zeichnet sich heute auch dadurch aus, diese unterschiedlichen Neigungen der Mitarbeitenden zu erkennen und Aufgaben entsprechend zu verteilen.

Start Small

- Starte damit, einen Backlog zu erstellen und diesen im Team kontinuierlich zu füttern. Gib dem Team die Möglichkeit, aus dem Backlog selbst Themen zu ergreifen, wenn Kapazität vorhanden ist, um aktiv daran zu arbeiten und die Verantwortung dafür zu übernehmen.
- Tab. 3.1 zeigt eine Mini-Matrix, um agiles Arbeiten zu starten und eine Übersicht aller Initiativen / Projekte zu haben. Angelehnt an ein Kanban Board (2024)
- Man muss nicht gleich seine Organisation umstellen. Mach ein Training zu agilem Arbeiten, gemeinsam mit dem Team. Nehmt euch ein Projekt vor und versucht es wirklich vollumfänglich, agil zu managen. Besprecht anschließend im Team, was ihr gelernt habt und was ihr zukünftig auch für andere Projekte umsetzen wollt.

Lesetipp

- Beck, K., Beedle, M., Bennekum, A., Cockburn, A., Cunningham, W., Fowler, M., Grenning, J., Highsmith, J., Hunt, A., Jeffries, R., Kern, J., Marick, B., Martin, R.C., Mellor, S., Schwaber, K., Sutherland, J., Thomas, D. (2001). Manifesto for Agile Software Development. Agile Manifesto. http://agilemanifesto.org/ Zugegriffen: 5. Mai 2024
- Dwarfs und Giants (2021). Holacracy Verfassung. Version 5.0 – DE. https://www.dwarfsandgiants.org/sites/default/files/2022-06/holacracy_v5.0_de_verfassung_dwarfsandgiants_iterated_2022-06_0.pdf Zugegriffen: 5. Mai 2024
- Holacracy Foundation (2024). Which organizations use Holacracy: https://www.holacracy.org/r/which-organizations-use-holacracy/ Zugegriffen: 5. Mai 2024
- Kanban Tool (2024). What is a Kanban Board? https://kanbantool.com/kanban-guide/kanban-board Zugegriffen:5. Mai 2024
- Robertson, B. (2016). Holacracy. Ein revolutionäres Management-System für eine volatile Welt. Vahlen.

Weiterführende Literatur

- Blumenau, A., & Windolph, A. (2024a). Agiles Projektmanagement: Der ultimative Überblick. https://projekte-leicht-gemacht.de/projektmanagement/agiles-projektmanagement/ Zugegriffen: 5. Mai 2024
- Blumenau, A., & Windolph, A. (2024b). Unterschiede zwischen klassischem und agilem Projektmanagement (Teil 1) https://projekte-leicht-gemacht.de/blog/projektmanagement/agil/klassisch-agiles-projektmanagement-1/ Zugegriffen: 5. Mai 2024
- Digitale Neuordnung (2024). Agilität – Teams und Organisationen neu denken. https://digitaleneuordnung.de/agilitaet/ Zugegriffen: 5. Mai 2024
- Kessler, R. (2020). Was ist Selbstorganisation? Und wieso interessiert uns das in turbulenten Zeiten? https://now-new-next.ch/selbstorganisation-was-ist-das/ Zugegriffen: 5. Mai 2024
- Kleczewski, C. (2024). Was ist Holacracy? Eine verständliche Erklärung. Agile Scrum Group. https://agilescrumgroup.de/holacracy/ Zugegriffen: 5. Mai 2024
- Rütti, N. (2021). Warum die hyperagile Organisation versagt. NZZ. https://www.nzz.ch/wirtschaft/swisscom-und-avaloq-setzen-auf-agile-organisation-und-fuehrung-ld.1646459?reduced=true Zugegriffen: 5. Mai 2024
- Wikipedia (2024). Holokratie. https://de.wikipedia.org/wiki/Holokratie Zugegriffen: 5. Mai 2024

3.2 User Experience für Mitarbeiter

People Experience: Der neue Ansatz im HR
User Experience ist ein bekanntes Schlagwort in Verbindung mit Technologien: Wie erlebt ein Nutzer zum Beispiel eine Handy-App? Ist sie praktisch, schön designt, intuitiv und bringt sie mir das, was ich von ihr erwarte? Toll! Oder muss man zur Nutzung fast schon ein Handbuch gelesen haben, stürzt die App dauernd ab und löst auch mein Problem nicht? Weniger toll! User Experience umfasst alle Aspekte, Eindrücke und Erlebnisse eines Nutzers in Interaktion mit einem Produkt.

Bei User Experience wird jedoch nicht das Produkt ins Zentrum gerückt, sondern es wird vom Kunden her gedacht. Was braucht der Kunde, was will er und wie können wir ihm das geben? Und eben nicht: Ich persönlich sehe da ein Problem und habe auch eine Lösung. Der Ansatz lässt sich auf HR übertragen: Auch die Personalabteilung sollte bei all ihren Bemühungen mehr von ihren Nutzern aus denken – wobei die Nutzer hier natürlich in erster Linie die Mitarbeitenden sind, aber auch Bewerbende, Ehemalige und gegebenenfalls auch Freiberufler (Contractors). Wir sprechen von People Experience. Für HR wird es immer wichtiger, diese aktiv zu gestalten und damit Zufriedenheit und Engagement zu erhöhen. Und dies nicht nur bei Mitarbeitern, sondern auch im verlängerten Ecosystem, vorne stehend die Kunden eines Unternehmens.

Personaler sind in der Regel in zwischenmenschlichen Belangen gut ausgebildet. Das Problem mit Personalabteilungen ist, dass sie über viele Jahre darauf getrimmt wurden, effizient zu sein, Kosten zu sparen, Prozesse einzuhalten und rechtliche Vorschriften in ihre Prozesse einzubauen. So wurden die meisten Prozesse so aufgebaut, dass Effizienz und Compliance im Vordergrund stehen, nicht aber die Mitarbeiter.

» Viel zu oft glauben Personalabteilungen, dass sie wissen, was die Mitarbeitenden brauchen, ohne den Austausch zu suchen, ohne zuzuhören.

Auch Personalabteilungen müssen verstehen, dass sie nicht ihre eigenen Kunden sind – sie sind in ihrer Rolle nicht die eigenen Mitarbeiter und sind auch nicht dafür da, Sachen für sich selbst zu entwickeln, sondern für andere. Oft wird das aber so nicht gelebt und führt in vielen Unternehmen dazu, dass Personalabteilungen Personalinstrumente einführen, die sie kennen bzw. mal gelernt haben, ohne je zu überprüfen, ob es das ist, was die Mitarbeiter wirklich brauchen. Prozesse werden oft als träge und hindernd angesehen, schlimmstenfalls sogar als „Roadblocker" und nur sehr selten als nutzbringend. Schade, denn die meisten Personaler meinen es nur gut, aber so werden sie nicht der Ansprechpartner sein, der geschätzt und als hilfreiche Anlaufstelle gesehen wird. Hier müssen Personalabteilungen, um erfolgreich zu sein, umdenken.

„Moments that matter"
HR muss anfangen, sich mit den echten Bedürfnissen der Mitarbeitenden auseinanderzusetzen. Es geht um die „Moments that matter" in der People Experience: Welches sind die bedeutsamen emotionalen Erlebnisse, sowohl positive als auch negative, und wie werden sie vom Mitarbeiter wahrgenommen, wo entsteht Motivation, wie entsteht Engagement, wie kann HR den Kontakt mit der eigenen Abteilung und mit dem Unternehmen zum positiven Erlebnis machen. Eine wertvolle People Experience braucht diese positiven Momente, und genau die gilt es zu verstehen und zu gestalten.

Aber die „Moments that matter" sind individuell. Es gibt keine Lösung, die für alle, sowohl Mitarbeiter als auch Unternehmen, passt. Um also jedem einzelnen Mitarbeitenden die bestmögliche Erfahrung zu bieten, muss HR dem Individuum zuhören. Deshalb ist es so wichtig, dass die Personalabteilung nicht im stillen Kämmerchen über Monate oder gar Jahre an Prozessen oder Tools feilt, die den Mitarbeitenden dienen sollen – ohne die Mitarbeitenden in den Prozess miteinzubeziehen. Für die Mitarbeitenden Themen gestalten und vor allem MIT den Mitarbeitenden. Es darf nicht erstaunen, dass Initiativen sonst oft ihr Ziel verfehlen. Diese Leerläufe sind teuer und führen dazu, dass HR sich selbst langfristig abschafft.

Zuhören. Bedarf verstehen. Lösung gemeinsam gestalten
Essentiell ist es, dass wir unsere Mitarbeiter, Kandidaten und Alumni ins Zentrum unserer Überlegungen stellen müssen. Was brauchen sie?

Wo können wir ihnen positive emotionale Erlebnisse verschaffen, die bleiben, die binden? Die, gerade weil sie einen positiven Eindruck hinterlassen, auch für das Unternehmen wertvoll sind? Sich als Personalabteilung selbst ins Gesicht zu schauen und zu sagen: „Das ist zwar cool aus unserer reinen HR Brille, aber entspricht gar nicht dem Bedürfnis unserer Mitarbeiter", ist gar nicht immer so einfach. Aber machbar und erstrebenswert.

Ein gutes Beispiel ist die Kommunikation mit Bewerbern: Gehen wir empathisch und authentisch auf die Kandidaten ein, halten wir sie über den Status der Bewerbung informiert und sind wir transparent und ehrlich, auch wenn es eine Absage gibt? Das verstehen wir unter guter Kandidaten-Erfahrung. Und doch ist die heutige Realität oft eine andere: Kandidaten hören lange nichts von der Firma, langweilige Standard-E-Mails sind im Einsatz und der wahre Grund der Absage wird aufgrund von GDPR[1] Regularien nicht kommuniziert.

Ein anderes Beispiel wäre ein bevorstehender Mutterschaftsurlaub: Fühlt sich die werdende Mutter emotional und administrativ unterstützt, oder beschleicht sie das Gefühl, ihre Mutterschaft bedeutet nur einen administrativen Aufwand für das HR und die entsprechenden Vorgesetzten?

Die Gestaltung einer People Experience funktioniert über die Emotionen, die dabei geweckt werden. Und übrigens: Für den Start einer guten People Experience braucht es nicht zwingend ein großes Budget, aber es braucht Menschen, die sich mit den „Moments that matter" auseinandersetzen.

Fazit ist: HR muss sich von der Haltung lösen, Probleme bereits zu kennen und dafür eigenständig Lösungen designen zu müssen. Angezeigt ist ein Ansatz, wo die Personalabteilung die Mitarbeitenden in den Gestaltungsprozess mit einbezieht, sodass das Ergebnis kein HR-Entscheid, sondern ein gemeinsam erarbeiteter Output wird. Denn damit hat man am Ende langfristig Erfolg.

---

[1] GDPR steht für General Data Protection Regulations (Datenschutz-Grundverordnung). Diese Verordnung kann dazu führen, dass Unternehmen den wahren Grund für eine Absage nicht offenlegen.

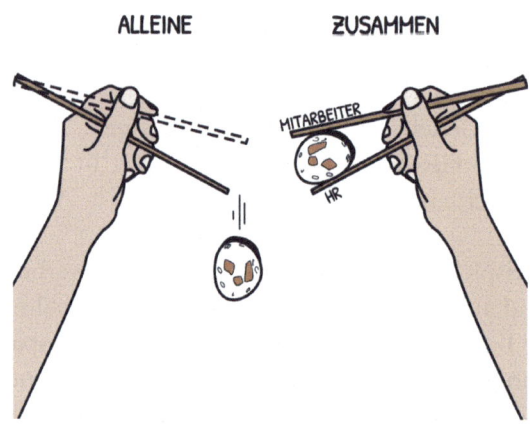

Start Small

- Kündige mal (natürlich in Absprache mit deiner Vorgesetzten) und durchlaufe den Prozess von Anfang bis Ende. Wie ist das Austrittsgespräch? Welche Informationen benötigst du und bekommst du diese automatisch zur Verfügung gestellt? Wie erlebst du den Prozess? Du musst auch nicht gleich kündigen. Bewerbe dich alternativ auf eine offene Stellenanzeige deiner Firma. Wie umständlich ist der Prozess? Wie und wann bekommst du Rückmeldung? Sammle deine Eindrücke und verarbeite sie, um eure Prozesse besser zu machen.
- Habt keine Angst, Mitarbeiter um Input zu fragen, sondern integriert das aktiv in eure Projekte. Die Mitarbeiter werden nicht denken, dass sie euren Job machen sollen, wenn ihr um Input fragt, was sie brauchen oder wie sie zu einem Prozess bzw. Thema stehen. Im Gegenteil, sie werden sich einbezogen und wertgeschätzt fühlen.
- Zwei Sprüche, die ihr euch ans Whiteboard schreiben könnt:
  - „We are not our users". Was du entwickelst, geht vielleicht komplett am Endkunden vorbei. Involviere den Endkunden und versuche in eine Co-Creation zu kommen.
  - „Think big, start small, iterate".

Weiterführende Literatur

- Jacobs, V., & Green, D. (2024). Five steps to Scale Employee Experience. Interview auf dem myHRfuture Kanal. Youtube. https://www.youtube.com/watch?v=Lff33qdtdVw Zugegriffen: 5. Mai 2024.

3.3 Design Thinking: Just do it!

Design Thinking im HR: Just do it!
Design Thinking konzentriert sich auf die Lösung von komplexen Problemen und die Entwicklung neuer Ideen. Dies im Bewusstsein, dass zuerst das Problem verstanden werden muss, weil das Problem, wie auch die Lösung, primär unbekannt ist. Mittlerweile hat sich Design Thinking den Weg in viele Abteilungen gebahnt. Auch mehrere Personalabteilungen wenden diese kreative Methode zur Gestaltung der Employee Experience an.

In fünf Schritten zur besten Lösung
Design Thinking durchläuft immer wieder fünf Phasen (Lewrick, 2018). Die komplette Methode hier zu beschreiben, würde den Rahmen sprengen. Aber die fünf Design Thinking Zyklen können im HR Bereich folgendermaßen angewendet werden:

1. Empathize: Versuche, das Bedürfnis der Mitarbeitenden so genau wie möglich zu verstehen - das geht auf verschiedene Art und Weise, z. B. durch Befragungen oder Fokusgruppen. Denn am Anfang geht es darum, das tatsächliche Bedürfnis der Mitarbeitenden richtig zu klären. So lässt sich der klassische Fehler vermeiden, dass man das falsche Problem löst – beispielsweise eines, das nur aus Perspektive der Personalabteilung oder des Managements, nicht aber aus Sicht der Mitarbeitenden besteht.
2. Define: Aus dem Bedürfnis leitest du das zu lösende Problem ab. Denn die Klärung des Bedürfnisses führt zur richtigen Definition des Problems. Wie in der ersten Phase, ist auch hier der enge Austausch mit den Mitarbeitenden, die es wirklich betrifft, zentral. Man versucht, diese so genau wie möglich zu erfassen: Wie denken sie, wie handeln sie, welches sind ihre „Moments that matter". In diesem Schritt kann es hilfreich sein, Personas – also musterartige Charaktere – zu entwerfen.
3. Ideate: Generiere für die Problemlösung Ideen, Ideen und noch mehr Ideen. Bei der Ideenfindung gilt: Jede, wirklich jede Idee soll zu Papier gebracht werden. Dabei ist es wichtig, die Ideen nicht zu werten

oder Gedanken an Kosten oder Umsetzbarkeit zu verschwenden. Es geht als erstes wirklich nur um die Idee! Ein offener Geist ist zentral, vorgefasste Meinungen hingegen sind genauso verboten wie „Ja, aber"-Sätze.

4. Prototype: Baue einen möglichst einfachen Prototyp der Problemlösung. Liegen viele, um nicht zu sagen, alle Ideen auf dem Tisch, geht es in die Umsetzungsphase. Ein erster Prototyp wird entworfen. Dieser soll nicht ausgefeilt sein, sondern nur über die minimalen Anforderungen und Eigenschaften verfügen. So lässt sich auch die nächste Phase agil und effizient gestalten.

5. Test: Lass den Prototyp von einer repräsentativen Gruppe von Mitarbeitenden beurteilen.

Der Prototyp – sei das ein Produkt oder ein Prozess – wird nun mit einer möglichst repräsentativen Gruppe von Mitarbeitenden getestet. Dank der Einfachheit des Prototyps lässt sich dieser schnell gemäß dem Feedback anpassen, erneut testen, wieder anpassen und so weiter. Wichtig in dieser Phase ist, dass das Feedback der Testgruppe auch gehört wird. Die Entwickler der Problemlösung – also wir Personaler – müssen die Haltung über Bord werfen, der Testgruppe unseren Prototypen verkaufen zu wollen. Das ist nicht einfach, schließlich haben wir unzählige Ideen bedacht und eventuell auch viel Zeit investiert. Aber genau darin liegt der Clou bei Design Thinking im HR: Wir kennen die Lösung noch nicht und fragen die Mitarbeitenden. Unsere Haltung muss also sein: „Kill the prototype!" – der nächste wird nämlich noch besser werden. Erst wenn die Testgruppe mit dem Prototyp zufrieden ist, wird das Produkt oder der Prozess breit ausgerollt.

Welche Vorteile bringt Design Thinking und was braucht es dazu?
Wir empfehlen unbedingt, Design Thinking auch im Personalbereich einzuführen. Indem die Mitarbeitenden schon früh in den Prozess miteinbezogen werden, lassen sich Lösungen erarbeiten, die den tatsächlichen Bedürfnissen entsprechen und die von vornherein die Akzeptanz der Mitarbeitenden haben. In eine, im abgeschotteten Kreis von HR-Spezialisten generierte, vermeintliche Problemlösung viel Geld und Zeit zu investieren, nur um dann festzustellen, dass damit kein Problem ge-

löst wird, ist ein teurer und zermürbender Fehler, der mit der Design Thinking-Methode umgangen werden kann.

Es gibt verschiedene Design Thinking-Modelle. Wir meinen, es kommt nicht darauf an, mit welchem man arbeitet: Hauptsache, man legt los! Um Design Thinking in der Abteilung einzuführen, empfiehlt es sich, mit einem Facilitator zu arbeiten. Der kann aus der eigenen Abteilung kommen oder vielleicht auch aus der Produkt-Abteilung des Unternehmens. Hauptsache, diese Person weiß die Grundsätze zu verstehen und anzuwenden. Gleichzeitig kann auch jeder aus der Personalabteilung bei sich selbst anfangen: Empathie anwenden, Unvoreingenommenheit üben, ein offenes Ohr für die Bedürfnisse der Mitarbeitenden haben und besonders deren Meinung hören – dies sind zentrale Voraussetzungen.

Design Thinking im HR heißt, sich erst einmal auf die Suche zu machen: nach den echten Bedürfnissen, nach den wirklichen Problemen und nach vielen kreativen, manchmal unmöglich erscheinenden Ideen, um so in Zusammenarbeit mit allen Beteiligten die optimale Lösung zu finden. Eine HR-Abteilung, die Design Thinking anwendet, macht schon vieles richtig. Just do it!

Start Small

- Macht als Team den IBM „Design Thinking Course" (2 Stunden) (2024), um ein Verständnis zu haben, was Design Thinking ist.
- Probiert mal im Team eine Ideation zu einem Thema aus.
- Um das Bedürfnis der Mitarbeiter besser zu verstehen (Empathize), fragt beim nächsten Thema, was ihr umsetzen wollt, die „Nutzer-Gruppe", was sie sich zu dem Thema wünscht; versucht die Sichtweise zu verstehen und den Blickwinkel der Nutzer-Gruppe einfließen zu lassen.

Lesetipp

- IBM (2024). Enterprise Design Thinking Course. https://www.ibm.com/design/thinking/ Zugegriffen: 5. Mai 2024
- Lewrick, M., Link, P., Leifer, L. (2018). The Design Thinking Playbook. Mindful Digital Transformation of Teams, Products, Services, Businesses and Ecosystems. Wiley John & Sons

3.4   Meeting-Kultur – heute schon eingecheckt?

Wer kennt das nicht: Man hetzt ins Meeting, ist gedanklich aber noch bei all den To Dos, die man abarbeiten muss, oder bei dem, was gerade vorher passiert ist, auch wenn „nur" das Kind rechtzeitig zur Kita gebracht werden musste.

In diesem Moment fehlt, was so wichtig wäre für ein ergiebiges Meeting: Fokus auf die anstehenden Themen und auf die Kollegen, mit denen wir im (virtuellen) Raum sind. Wir möchten euch ermutigen, Strategien auszuprobieren, die allen Anwesenden helfen, sich zu fokussieren und die die Zusammenarbeit fördern. So lässt sich viel mehr aus den anstehenden 30, 60 oder 90 min herausholen. Als besonders hilfreiche Strategien erleben wir die Check-ins und Check-outs. Sie schaffen einen guten Boden für das Zusammenkommen, indem sie Präsenz und gegenseitiges Verständnis und Vertrauen fördern.

Check-in: Im Meeting ankommen
Beim Check-in geht es darum, alle Meeting-Teilnehmer nicht nur physisch, sondern auch mental am (virtuellen) Tisch zu versammeln, präsent zu werden und zu spüren, wo alle gerade stehen. Dies, indem sich vor dem eigentlichen Meeting alle kurz äußern, im Normalfall auf eine zu Beginn gestellte Frage. Wichtige Regel ist, dass immer nur eine Person spricht, die anderen aktiv zuhören, aber nicht kommentieren. Jeder bekommt eine Stimme und hat die Möglichkeit, seine Gedanken und Emotionen zu artikulieren oder loszuwerden, um sich dann umso besser auf das Meeting konzentrieren zu können. War der Morgen stressig, weil das Kind krank ist und man umorganisieren musste? Hatte man eine inspirierende Begegnung auf dem Arbeitsweg, die man mit allen teilen möchte? In vertrautem Rahmen kann man hier negative oder positive Emotionslagen aussprechen. Ein schöner Nebeneffekt ist der positive Einfluss auf die psychologische Sicherheit im Team.

Beispielsfragen können sein:

- Wie geht es dir?
- Wie war dein Tag heute?
- Was trägst du zu dem Meeting bei?

Wie wir den Check-in gestalten, ist abhängig von der Zusammensetzung der Teilnehmenden und deren Erfahrung mit Check-in-Fragen. Kennen sich alle gut und haben ein höheres Level an gegenseitigem Vertrauen, dann können Fragen auch tiefer gehen oder kreativer werden.

Beispielsfragen können sein:

- Wofür bist du gerade besonders dankbar?
- Wenn du eine Farbe (ein Tier) wärst, welche(s) wäre das heute?
- Würdest du lieber in die Zukunft oder die Vergangenheit reisen?

Check-out: Die Verabschiedung vom Meeting
Auch die Verabschiedung ist ein zentrales Element einer Sitzung. Beim Check-out wird kurz reflektiert, wie es jedem einzelnen Teilnehmenden nach dem Meeting geht und ob die Erwartungen daran erfüllt wurden. Allenfalls stellen sich die Mitarbeitenden im Check-out auch darauf ein, wie ihr Tag jetzt weitergeht und können sich so mental auf die nächste Herausforderung ausrichten.

Arbeit an der Meeting-Kultur lohnt sich
Wir sind ganz klar der Meinung, dass sich die Arbeit an der eigenen Meeting-Kultur auszahlt. Auf der persönlichen Ebene, weil wir daran erinnert werden, dass wir alle Menschen sind, die Hochs und Tiefs erleben. So können wir das gegenseitige Vertrauen stärken, das für die volle Entfaltung unserer Fähigkeiten so wichtig ist. Auf der sachlichen Ebene, weil wir uns adäquat auf ein Thema einlassen und gemeinsam effizient an einer Problemlösung arbeiten können.

Start Small

- Wähle ein Teammeeting aus, in dem du starten möchtest. Jeder der Teammitglieder übernimmt pro Meeting eine Frage. Nutze die Seite „Tscheck.in" (Denkwerk, 2024) als Inspirationsquelle oder als Alternative „Would you rather"-Fragen.
- Starte in keinem großen Meeting, sondern in einem kleineren mit maximal 5–6 Teilnehmern. Diese sollten sich schon etwas vertraut sein und nicht total fremd. So wird die Unsicherheit des „man stellt sich bloß" genommen.

- Gehe vor: starte selbst mit deinem persönlichen Check-in, das hilft den anderen zu verstehen, was gemeint ist. Ein Check-in von einer Person könnte zum Beispiel sein: „Mir geht es gut, ich hatte heute zwei super produktive Meetings und habe über Mittag meine Zeit nutzen können, joggen zu gehen. Mein Kopf hängt aber noch etwas an meiner Cousine, die gerade bei einem wichtigen Arzttermin ist. Checked in." Kommentiere nicht, aber mach die Teammitglieder darauf aufmerksam, dass man „checked in" benutzt, falls sie es vergessen.

Lesetipp

- Denkwerk (2024). Check-in Fragen für Meetings. Tscheck In. https://tscheck.in/ Zugegriffen: 5. Mai 2024

3.5   Bessere Entscheidungen durch Daten

Das bessere Argument: datenbasierte Entscheidungen im HR
Überzeugen dich nicht auch jene Personen am meisten, die mit Daten und Fakten argumentieren? Deren Haltung auf objektiven Kriterien beruht? Die es dadurch schaffen, andere für ihren Standpunkt zu gewinnen? Meinung, gestützt auf Daten. Dahin müssen wir auch im HR kommen. Dafür brauchen wir verlässliche Zahlen und die Kompetenz, diese zu analysieren (Ferrar & Green, 2021).

Leider sind Zahlen im HR nicht sehr populär. Nicht selten hört man: „Wir sind HR, wir können mit Menschen, nicht mit Zahlen." Damit lässt sich ein Unternehmen aber nicht steuern.

》》 Meinungen, die nicht auf Daten basieren, bleiben Meinungen.

Also ran an die Zahlen! Gerade wir Personaler, die wir es doch immer wieder als äußerst beschwerlich erleben, unsere so wichtigen Kulturthemen bei den Entscheidungsträgern durchzubringen, müssen uns mit Daten ausrüsten. Denn, wem wollen wir unsere Ideen verkaufen? Es sind doch die Geschäftsführer, die CEOs und CFOs, die wir für unsere Anliegen gewinnen müssen. Deren Sprache müssen wir sprechen. Diese werden nicht blind unseren Meinungen folgen, aber unseren Datenanalysen werden sie Gehör schenken. Wenn wir mit Zahlen belegen können, dass jede Fluktuation die Firma ein Jahresgehalt kostet – dann wird unser Ruf nach einem Engagement Programm nicht mehr leichtfertig abgetan, sondern geprüft werden. Für die Gestaltung von Wohlfühloasen wird niemand je ein Budget sprechen, aber wenn es um den Return on Investment geht, dann sieht die Sache anders aus.

Expertise aufbauen

Wie gelangt man zu einer soliden Analyse? Schon die Datenerhebung will durchdacht sein. Klarheit über die zu beantwortenden Fragen ist zentral. Zu allgemeine Daten helfen nicht: „Würdest du XY als Arbeitgeber weiterempfehlen? Ja/Nein". Daraus ergibt sich vielleicht ein Anhaltspunkt, aber noch lange keine Analysegrundlage. Weiter bringt es nichts, Daten zu sammeln ohne Wissen, wie man diese verarbeiten kann. Erst die Analyse der Daten führt zu Erkenntnis. Ansonsten bleibt es ein Datenberg, dessen Sammlung und Aufbereitung zeitaufwendig ist, der seine Informationen aber letztlich für sich behält. Ebenfalls ist Vorsicht geboten, wenn man einen Datensatz gemäß einem gewünschten Ergebnis aufbereiten will. Jegliche Daten kann man so zurechtstutzen, dass sie das präsentieren, was man gerne sehen möchte. Das hat dann aber, trotz Datenerhebung, nichts mehr mit Objektivität zu tun.

Voraussetzung für eine Analyse sind ein vernünftiges Reporting mit einem sinnvollen Detaillierungsgrad sowie Expertise im Umgang mit Daten. Aber bedenke immer: Es reicht nicht, Daten zu haben; es reicht nicht, Daten zu analysieren – das Ziel muss sein, Handlungen daraus abzuleiten und umzusetzen.

So gelingt der Einstieg: Annahmen treffen und überprüfen

Wenn du nicht weißt, wie du eine Datenanalyse starten sollst, dann fang einmal damit an, Annahmen zu formulieren und diese zu überprüfen. Für den Anfang musst du dazu erst mal keine Daten erheben, sondern kannst jene verwenden, die bereits im Unternehmen vorhanden sind. Wir selbst gingen einst so vor, dass wir zehn Thesen aufstellten, warum Mitarbeitende kündigen: beispielsweise „Häufiger Wechsel der Vorgesetzten" oder „Langer Arbeitsweg". Dann überprüften wir, ob diese Annahmen auf die Mitarbeitenden, die gekündigt hatten, zutrafen. Manche wurden bestätigt, andere überraschenderweise gar nicht.

Kultur messbar machen

Data Analytics im HR – das kommt einem kleinen Kulturwandel gleich. Anstrengend, aber lohnenswert! Wir möchten euch ans Herz legen, euch fit zu machen in Sachen Datenanalyse. Auch empfehlen wir, bei den Usern – seien das die Geschäftsleitung oder die Mitarbeitenden – Feedback zu euren HR-Reportings einzuholen: Sind die Datensätze hilfreich? Welche Fragen stehen im Raum und lassen sich diese mit den von HR gelieferten Reportings beantworten? So könnt ihr eure Datenerhebung bei Bedarf anpassen und damit echten Mehrwert liefern.

Wenn wir es schaffen, Kultur mit Hilfe von Datenanalysen messbar zu machen, dann bekommen „Bad Leadership" oder „Schlechte Stimmung im Unternehmen" ein Preisschild umgehängt. Und wenn die Kosten klar sind, dann wird die Geschäftsleitung unsere Bemühungen unterstützen, dagegen etwas zu unternehmen. Es ist wichtig, dass wir Personaler das Feld hier nicht anderen überlassen. Wir müssen unseren Platz am Tisch der Entscheider einnehmen. Dies wird uns gelingen, wenn wir eindeutige Datenanalysen mitbringen – und nicht nur heiße Luft in Form von Meinungen.

Start Small

- Definiere 3 Kennzahlen, die du monatlich reportest. Beispiele könnten sein: Joiners, Leavers, damit verbundene Kosten. Das Motto hierbei: Fokussiere dich auf die wichtigsten Themen und prüfe, ob die Empfänger damit arbeiten.
- Du möchtest einen Gesundheitstag einführen oder regelmäßige Gesundheitskurse?
  - Starte damit, die Krankheitstage und die damit verbundenen Kosten zu reporten.
  - Zeige auf, wie du diese reduzieren kannst. Das mag deiner Ideologie widersprechen, da es doch darum geht, den Mitarbeitern etwas Gutes zu tun. Dahin musst du aber erst einmal kommen und der Weg dahin führt über die Unternehmensleitung.

- Wenn du etwas Neues umsetzen möchtest, dann versuche es mal mit folgendem Ansatz (Beispiel: 2 zusätzliche Ferientage für alle Mitarbeitenden):
  - Erstelle einen Business Case mit Nutzen und Kosten (dabei enge Abstimmung mit Finance).
  - Inkludiere Beispielfirmen, die ähnliches umgesetzt haben und nimm den Punkt in die nächste Mitarbeiterumfrage auf. Dort fragst du die Mitarbeitenden, was sie von den zusätzlichen Ferientagen halten und ob sie denken, dadurch länger im Unternehmen zu verweilen. Diesen Umfragewert kannst du anschließend ans Management reporten.

Lesetipp

- Ferrar, J., & Green, D. (2021). Excellence in People Analytics. How to use workforce data to create business value. Kogan Page Limited.

Weiterführende Literatur

- Green, D. (2024). LinkedIn Profile. Writer, speaker, conference chair and executive consultant on people analytics. https://www.linkedin.com/in/davidrgreen/ Zugegriffen: 5. Mai 2024

Literatur

Beck, K., Beedle, M., Bennekum, A., Cockburn, A., Cunningham, W., Fowler, M., Grenning, J., Highsmith, J., Hunt, A., Jeffries, R., Kern, J., Marick, B., Martin, R. C., Mellor, S., Schwaber, K., Sutherland, J., Thomas, D. (2001). *Manifesto for Agile Software Development*. Agile Manifesto. http://agilemanifesto.org/. Zugegriffen: 5. Mai 2024.

Denkwerk. (2024). *Check-in Fragen für Meetings*. Tscheck In. https://tscheck. in/ Zugegriffen: 5. Mai 2024.

Dwarfs and Giants. (2021). *Holacracy Verfassung*. Version 5.0 – DE. https:// www.dwarfsandgiants.org/sites/default/files/2022-06/holacracy_v5.0_de_verfassung_dwarfsandgiants_iterated_2022-06_0.pdf. Zugegriffen: 5. Mai 2024.

Ferrar, J., & Green, D. (2021). *Excellence in People Analytics. How to use workforce data to create business value*. Kogan Page Limited.

Holacracy Foundation. (2024). *Which organizations use Holacracy.* https://www.holacracy.org/r/which-organizations-use-holacracy/. Zugegriffen: 5. Mai 2024.

IBM. (2024). *Enterprise Design Thinking Course.* https://www.ibm.com/design/thinking/. Zugegriffen: 5. Mai 2024.

Kanban Tool. (2024). *What is a Kanban Board?* https://kanbantool.com/kanban-guide/kanban-board. Zugegriffen:5. Mai 2024.

Lewrick, M., Link P., Leifer, L. (2018). *The Design Thinking Playbook. Mindful Digital Transformation of Teams, Products, Services, Businesses and Ecosystems.* Wiley John & Sons.

Robertson, B. (2016). *Holacracy. Ein revolutionäres Management-System für eine volatile Welt.* Vahlen.

Weiterführende Literatur

Blumenau, A., & Windolph, A. (2024). *Agiles Projektmanagement: Der ultimative Überblick.* https://projekte-leicht-gemacht.de/projektmanagement/agiles-projektmanagement/. Zugegriffen: 5. Mai 2024.

Blumenau, A., & Windolph, A. (2024). *Unterschiede zwischen klassischem und agilem Projektmanagement (Teil 1).* https://projekte-leicht-gemacht.de/blog/projektmanagement/agil/klassisch-agiles-projektmanagement-1/. Zugegriffen: 5. Mai 2024.

Digitale Neuordnung. (2024). *Agilität – Teams und Organisationen neu denken.* https://digitaleneuordnung.de/agilitaet/. Zugegriffen: 5. Mai 2024.

Green, D. (2024). *LinkedIn Profile. Writer, speaker, conference chair and executive consultant on people analytics.* https://www.linkedin.com/in/davidrgreen/. Zugegriffen: 5. Mai 2024.

Jacobs, V., & Green, D. (2024). *Five steps to Scale Employee Experience.* Interview auf dem myHRfuture Kanal. Youtube. https://www.youtube.com/watch?v=Lff33qdtdVw. Zugegriffen: 5. Mai 2024.

Kessler, R. (2020). *Was ist Selbstorganisation? Und wieso interessiert uns das in turbulenten Zeiten?* https://now-new-next.ch/selbstorganisation-was-ist-das/. Zugegriffen: 5. Mai 2024.

Kleczewski, C. (2024). *Was ist Holacracy? Eine verständliche Erklärung.* Agile Scrum Group. https://agilescrumgroup.de/holacracy/. Zugegriffen: 5. Mai 2024.

Rütti, N. (2021). *Warum die hyperagile Organisation versagt.* NZZ. https://
www.nzz.ch/wirtschaft/swisscom-und-avaloq-setzen-auf-agile-organisation-
und-fuehrung-ld.1646459?reduced=true. Zugegriffen: 5. Mai 2024.
Wikipedia. (2024). *Holokratie.* https://de.wikipedia.org/wiki/Holokratie. Zugegriffen: 5. Mai 2024.

4

Wo die (R)evolution beginnt

Zusammenfassung „Wo die (R)evolution beginnt" ist ein Kapitel, das die Stimmen derjenigen hervorhebt, die den Mut haben, den Status quo zu hinterfragen und Veränderung herbeizuführen. Es beleuchtet die Herausforderungen und Triumphe der Unternehmensrebellen, die Innovation vorantreiben, sowie die Transformationen in der Talentakquise und Vergütung. Von der Integration Künstlicher Intelligenz bis zur Förderung einer Kultur des Teilens und der persönlichen Veränderung – dieses Kapitel bietet einen inspirierenden Einblick in eine Welt voller Möglichkeiten. Es lädt ein, Teil dieser (R)evolution zu sein und eine Zukunft zu gestalten, die dynamisch und erfüllend ist. Tauche ein in die spannende Welt des Wandels und lasse dich von den vielfältigen Facetten inspirieren, die eine Zukunft voller Chancen und Innovationen versprechen. Werde Teil dieser Bewegung und gestalte eine Zukunft, die lebendig und reich an Möglichkeiten ist.

© Der/die Autor(en), exklusiv lizenziert an Springer Fachmedien Wiesbaden GmbH, ein Teil von Springer Nature 2024
C. Hübschen, C. Lass und J. Opardija *Workvolution: In 5 Minuten Kultur verändern*,
https://doi.org/10.1007/978-3-658-45513-2_4

4.1 Unternehmensrebellen muss man zuhören

Unternehmensrebellen gestalten die Zukunft

Kennst du das auch? Dieses Gefühl, an jedem neuen Arbeitstag im selben Trott zu sein. Selbst nach dem Urlaub bist du sofort wieder – ja, wo eigentlich? In diesem Zustand eben, wo alles in gewohnten Bahnen verläuft, wenig spektakulär, selten überraschend und ganz bestimmt nicht so, dass Lösungen out-of-the-box gefunden werden – weil du da ja gar nicht suchst. Nennen wir es die bequeme Routine. Oder anders formuliert: Den frustrierend engen Handlungsspielraum in unserem Arbeitsalltag.

Dieser Zustand findet sich in vielen Unternehmen. In manchen ausgeprägter, in anderen weniger offensichtlich. Da herrschen Strukturen, die innovatives Handeln der Mitarbeitenden verunmöglichen. Solche Strukturen werden gestützt von hemmenden Hierarchien, von starren Systemen und von offensichtlich falschen, trotzdem immer und immer wieder praktizierten Methoden. Als ob dies nicht frustrierend genug wäre, kommt eine Unternehmenspolitik mit intransparenter oder unklar kommunizierter Agenda oft noch dazu. Kurz: Es herrscht ein Klima, das keine Entfaltung zulässt. Nicht für Mitarbeitende, nicht für Teams und somit auch nicht für bessere Lösungsansätze. Auf Personalebene besonders tragisch ist, dass diese verkrusteten Strukturen jeden Mitarbeitenden mit innovativem Potenzial über kurz oder lang absolut demotivieren. Es sind toxische Strukturen, die zum Stillstand führen.

Nur, wer spricht das an, wer unternimmt etwas dagegen? Oft sind dies Mitarbeitende, die „aus der Mitte des Unternehmens" heraus eine Veränderung in Gang setzen. Man nennt diese Mitarbeitenden „Unternehmensrebellen" (Minaar & de Morree, 2020). Damit sollen keine falschen Assoziationen geweckt werden, wir brauchen im Unternehmen keine Krieger. Was wir brauchen, sind jene, die sich trauen, die Dinge auf andere Art und Weise zu versuchen. Die sich vom natürlich immer möglichen Misserfolg nicht frustrieren oder beirren lassen. Die sich daran stören, dass Prozesse dadurch legitimiert sein sollen, weil man das eben „schon immer so gemacht hat". Unternehmensrebellen suchen mit kreativen Konzepten und neuen Ideen nach den besten Lösungen. Sie wehren sich dagegen, gefangen in den immer gleichen Strukturen weiterhin suboptimalen Output zu produzieren. Sie wollen nicht nur morgens ein- und abends ausstechen, sondern sind motiviert, einen Beitrag zur positiven Veränderung der Arbeitswelt zu leisten.

Am Anfang dieser Veränderung stehen Rebellen oft allein auf weitem Feld. Erst wenn sich zeigt, dass sie mit ihrem Handeln richtig liegen, folgen ihnen andere Mitarbeitende und im besten Fall auch die Führungsebene. Dabei müssen die Veränderungen, die sie initiieren, keine Erdrutsche im Unternehmen auslösen. Oft sind es sogar nur minimale Denk- und Handlungsanstöße, die einen Stein ins Rollen bringen. Unternehmensrebellen provozieren nachhaltige Veränderung, keinen Umsturz. Veränderung ist das Gegenteil von Stillstand. Veränderung bedeutet Entwicklung und ist somit für jedes Unternehmen überlebenswichtig.

Unternehmensrebellen rütteln uns auf und stören die vielleicht bequeme Routine. Deshalb werden sie manchmal als anstrengend empfunden. Zudem werden sie oft als Idealisten belächelt, denn sie verstehen ihr Handeln im Dienst einer größeren Sache. Diese Rebellen sind also nicht egoistische, unberechenbare Teammitglieder, vor denen wir uns fürchten müssen – im Gegenteil, wir sollten ihnen zuhören.

Und dieses ist der dringende Appell an alle Unternehmen: Lasst nicht zu, dass Rebellen als anstrengend abgestempelt und zum Schweigen gebracht werden. Viel eher sollte man diese Mitarbeitenden im Unternehmen identifizieren und ihr Potenzial gezielt einsetzen. Wir brauchen Veränderung. Wir brauchen die Entwicklung. Wir brauchen die Mutigen. Jene, die sich mit all ihren Fähigkeiten in einem Unternehmen einbringen, weil sie etwas bewirken wollen. Wir müssen sie erkennen, und wir müssen ihnen den Freiraum bieten, ihr Talent des konstruktiven Hinterfragens und innovativen Gestaltens zu entfalten. In der Tat sollte dieses Bewusstsein bei jedem Mitarbeitenden mit Führungsfunktion in der DNA eingeschrieben sein: Wir brauchen Rebellen, um die erfolgreichen Unternehmen und attraktiven Arbeitgeber von morgen zu gestalten.

Start Small

- Ihr wollt einen neuen Prozess einführen oder optimieren? Oder ihr wollt euer Engagement verbessern? Fragt die unkonventionellen oder auch kritischen Geister nach ihrer Meinung. Die meisten werden gerne gehört und beteiligen sich proaktiv. Und nicht nervös werden – die Kollegen um ihre Meinung zu fragen, heißt nicht, dass ihr euren Job nicht versteht. Denkt an Agilität und Design Thinking – mit dem Kunden arbeiten ist wichtig.
- Ihr seht, dass sich eine Graswurzelinitiative (Initiative aus der Unternehmensmitte) heraus entwickelt – lasst es die Mitarbeiter ausprobieren (Kluge, 2020). Wenn ihr euch unwohl fühlt, dass dann doch ein Chaos ausbricht, legt den Rahmen fest oder deklariert es als Prototyp – aber bügelt es nicht sofort und grundlos ab.
- Schafft den Rahmen für ein „geschütztes Ausprobieren": Wenn Einzelne oder Teams etwas anders machen möchten, ladet sie ein, das auch zu tun. Lasst sie das Warum definieren und schaut gemeinsam nach einer gewissen Zeit, ob es nicht Sinn macht, dies weiter auszurollen.
- Wenn ihr neue Mitarbeiter einstellt: Achtet auf den Fit zur Unternehmenskultur aber stellt nicht das Abziehbild von euch selbst ein.

Lesetipp

- Kluge, A., Kluge, S. (2020). Graswurzelinitiativen in Unternehmen – ohne Auftrag mit Erfolg!. Vahlen
- Minaar, J., de Morree, P. (2020). Make work more fun. Corporate Rebels Nederland B.V.

4.2   Recruiting ist auch Chefsache

Vom Bewerber zum Beworbenen

Den Begriff „War for talent" (Axelrod et al., 2001) kennt ja heutzutage wirklich jeder. Eingeführt wurde er 1997 durch McKinsey Mitarbeiter und durch ein Buch mit dem entsprechenden Titel populär. 2014 klingt es dann von Josh Bersin bereits so: „The war for talent is over and talent has won"[1]. Und heute würden wir es mit unseren Worten so

---

[1] X (2014). Josh Bersin. https://twitter.com/josh_bersin/status/433667214940438530 Zugegriffen am 9. Mai 2024

beschreiben: „Wer heute noch nicht verstanden hat, dass Talent Acquisition eine immens wichtige Rolle in einer Unternehmung innehat, der hat den Gong noch nicht gehört".

Recruiting hat sich in den vergangenen Jahren stark gewandelt. Wäre es vor 20 Jahren für Bewerber noch unmöglich gewesen, als erstes nach Teilzeit zu fragen bzw. der Möglichkeit, den eigenen Hund mitzubringen, preisen Arbeitgeber genau dies heute an, um sich für Bewerber attraktiv zu machen. Dies erfordert ein deutliches Umdenken.

Moment – eigentlich kann man schon nicht mehr von „Bewerbern" sprechen. „Kandidaten" ist der bessere Begriff, denn heute ist es umgekehrt. Arbeitgeber sind diejenigen, die sich bewerben müssen, um die besten Talente anzuziehen. In erfolgreichen Unternehmen hat man verstanden, dass Recruiting eine ähnliche Rolle wie der Sales Organisation zukommt. Recruiter müssen den Markt und „ihre Kunden", also die Kandidaten, genauestens verstehen und kennen. Wo bewegen sich Kandidaten – wie erreicht man sie am besten? Was ist ihnen wichtig? Und was schreiben sie in den sozialen Medien, auf Kununu oder Glassdoor? Recruiter von heute gestalten eine „End-to-End Candidate Experience", verstehen „Lead Generation", „Time-to-Hire" und feiern erfolgreiche Abschlüsse.

Für die Kandidaten sind Recruiter oder Talent Acquisition Manager Ansprech- und Vertrauenspersonen: vom ersten Moment der Bewerbung oder der aktiven Kontaktaufnahme bis zum Vertragsabschluss sind sie an ihrer Seite. Sie teilen Höhen und Tiefen mit den Kandidaten – übermitteln im positiven Fall ein Angebot, das die Kandidaten jubeln lässt oder eine Absage, die manchmal Träume der Kandidaten zerschlägt. Das Vertrauensverhältnis hat noch eine zweite wichtige Komponente: Ja, Recruitment heißt, Kandidaten vom Gesamtpaket zu überzeugen: vom Job, vom Team, von Vorgesetzten, von der Firma, vom Gehalt. Aber, und jetzt kommt ein fettes „Aber", dabei muss man trotzdem ehrlich sein. Je klarer und akkurater der Recruiter den Arbeitgeber präsentiert, desto weniger werden die Erwartungen der Kandidaten später enttäuscht und desto länger bleiben sie als Mitarbeiter im Unternehmen. Nichts ist für den Neuankömmling frustrierender, als wenn er ab Tag eins feststellen muss, dass alle im Interview versprochenen Benefits, Goodies und Schwärmereien überhaupt nicht der

Unternehmenswirklichkeit entsprechen. Solche Mitarbeitende sind vor allem eins: Schnell wieder weg.

Recruiter und Hiring Manager: eine neue Beziehung
Auch das Verhältnis von Recruitern und Hiring Managern, den einstellenden Personen, ändert sich. Hier entsteht eine neue Teamarbeit. Beide haben gemeinsam die Aufgabe, die besten Kandidaten zu identifizieren und zu überzeugen. Bei der Identifikation kommt es nicht nur darauf an, das richtige Fachwissen zu testen (Aufgabe der Hiring Manager), sondern auch den kulturellen Fit der Persönlichkeit von Kandidaten und Unternehmen. Dies ist eine gemeinsame Aufgabe, worauf die Recruiter besonders geschult sind und die Hiring Manager unterstützen. Auch schnelle Reaktionszeiten sind von Bedeutung. Zwei Tage nach dem Interview zu besprechen, ob man ein Angebot machen möchte, kann schon zu spät sein. Geschwindigkeit spielt auch hier eine Rolle. Die Entscheidung übrigens, ob man ein Angebot macht, sollte eine gemeinsame sein. Häufig unterschätzt man, dass gut ausgebildete Recruiter ein sehr gutes Verständnis für den sogenannten kulturellen Fit haben. Fehlentscheidungen im Recruiting sind teuer und werfen Teams zurück. Daher lohnt es sich, hier gemeinsam hinzuschauen.

Alle müssen netzwerken, nicht nur die Recruiter
Führungskräften kommt übrigens ebenfalls eine neue Rolle zu, ob sie gerade eine freie Stelle haben oder nicht.

» Das eigene Netzwerk wird gerne unterschätzt, wenn es darum geht, besondere Talente zu finden.

Ein gutes Netzwerk aufzubauen, ist aber immens wichtig. Ein Grund dafür ist, dass Kandidaten sich gerne ihre zukünftigen „Leader" aussuchen. Was hat meine zukünftige Führungskraft oder neues Teammitglied zu bieten? Was kann ich von ihnen lernen und kann ich mir vorstellen, mit der Person zu arbeiten?

Ein weiterer Grund ist, sich eine sogenannte eigene Pipeline an zukünftigen Kandidaten selbst aufzubauen. Es macht Sinn, sich in seinem
eigenen fachlichen Umfeld umzuschauen, wer welches Wissen hat oder
besonders auffällt. Zu diesen Personen den Kontakt herzustellen und zu
halten, kann den Einstellungsprozess immens verkürzen.

Der traurige Ist-Zustand in manchen Unternehmen
Oben beschriebenes Recruitment ist der Fall in erfolgreichen Unternehmen. Unternehmen, die die Möglichkeit eines fortschrittlichen Re-
cruitings weiterhin unterschätzen, nutzen Recruiter häufig in einer sehr
administrativen Rolle. Nach wie vor geht man davon aus, dass die „Bewerber" sich schon melden werden auf die Stellenanzeige. Kandidaten
erleben hier häufig lange Wartezeiten, bis sie eine Antwort bekommen,
wenn sie überhaupt je eine Antwort bekommen. Auch wenn ein Interview stattgefunden hat, lassen sich Führungskräfte und Recruiting Abteilungen viel zu lange Zeit, um ein vernünftiges Feedback zu geben –
wie gesagt, wenn sie es überhaupt geben. Da werden Recruiting Teams
auf und wieder abgebaut, weil sich die Nachfrage kurzfristig geändert
hat. Oder an Drittfirmen vergeben – dabei sind die Recruiter das Gesicht und die Stimme der Firma. Da machen Personalmanager den Job
des Recruiters mit, wobei man völlig unterschätzt, dass dies ein unter-
schiedliches Rollenprofil ist, das ganz andere Fähigkeiten braucht.

Eigentlich verrückt, wenn man bedenkt, welchen Einfluss ein gutes
Recruitment auf Unternehmenskosten und den Aufbau von Talenten
hat. Wer die besten Talente bekommen möchte, wird sich umstellen.
Allen anderen können wir nur viel Glück wünschen.

Start Small
- Du startest einen neuen Recruiting Prozess: Frag die Hiring Manager
  nach mindestens drei Personen aus ihrem Netzwerk, die ihr ansprechen
  sollt.
- Macht einen Unterschied für die Kandidaten. Versucht eine individua-
  lisierte Talent-Ansprache – keine standardisierte Mail oder Standardab-
  sage. Sprecht Kandidaten mit (richtigem!) Namen an. Zeigt, dass ihr
  euch mit der Person beschäftigt habt.

- Ihr stellt Recruiter ein und sie sind nicht auf Social Media unterwegs? Finger weg!
- Beim Recruiting geht es um drei wichtige Dinge: Schnelligkeit, Priorität und klare Entscheidungen. Stellt diese drei Dinge in den Vordergrund und macht sicher, dass das jeder versteht, vom CEO über den Hiring Manager bis zum Praktikanten.
- Testet aus, was für euch und den Kandidaten, aber auch Hiring Manager funktioniert: Braucht es eine Case Study wirklich oder ist das nur ein zusätzlicher Aufwand für alle Beteiligten? Ändert es, wenn es einen negativen Einfluss auf die Schnelligkeit oder das Ergebnis hat.
- Als Beteiligter im Recruiting Prozess: Stellt sicher, dass die Basics eingehalten werden. Beispiel: Jeder bekommt zeitnah eine Rückmeldung. Sobald eine Stelle besetzt ist, bekommen alle eine Absage. Auch heute noch gibt es zu viele Firmen, die hier eine schlechte Visitenkarte hinterlassen.

Lesetipp

- Axelrod, B., Handfield-Jones, H., Michaels, E. (2001), The War for Talent, Boston. Harvard Business School Publishing

Weiterführende Literatur

- Bersin, J. (2024) https://joshbersin.com/josh-bersin-biography/ Zugegriffen am 9. Mai 2024
- Wikipedia. (2024). War for talent. https://en.wikipedia.org/wiki/War_for_talent Zugegriffen am 9. Mai 2024

4.3   TikTok, Insta oder wie sie alle heißen: Trends scouten und mitmachen

Mit Trends ist es ja so eine Sache

Heute ein Hype, morgen vergessen – oder eben nicht mehr wegzudenken. Wer kann das schon so genau vorhersehen? Im Privaten ist man flexibel, kann mal hier ausprobieren, dort einen Account machen, da mal dabei sein. Und wenn man es nicht nutzt, dann löscht man sein Profil eben wieder, man war halt einfach mal neugierig. Wie sieht es für Unternehmen und HR aus?

Am Puls der Zeit
Die Zusammenarbeit in Netzwerken und das Community-Denken gewinnen immer mehr an Bedeutung. Plattformen, die diese Entwicklung unterstützen, werden für Unternehmen daher immer wichtiger. Wir sind deshalb der Meinung: Um am Puls der Zeit zu bleiben, müssen Unternehmen auf Social Media aktiv werden. Es geht dabei aber auf keinen Fall darum, in diesen Netzwerken lediglich auffindbar zu sein. Unser Ziel muss es sein, zu lernen, zu verstehen, wo Menschen sich aufhalten, wie sie sich Informationen beschaffen und diese verarbeiten, wo und wie sie sich treffen, was sie denken, was sie bewegt und wofür sie sich begeistern.

Hallo, People Influencer!
Keine Angst, wir meinen jetzt gerade nicht, dass jeder in der Personal- oder Marketingabteilung zusätzlich zu seinem Workload auch noch Social Media bearbeiten muss. Nicht jedem liegt es, sich in den sozialen Medien zu bewegen. Im Gegenteil, man braucht Teammitglieder, die sich ausdrücklich mit diesen Plattformen beschäftigen. Die sich damit auskennen, die sich da gerne aufhalten und Lust haben, sich auf den verschiedenen Kanälen quasi unter die Leute zu mischen: Die sozialen Netzwerke sind der eigentliche Entfaltungsraum eines People Influencers. Deren Aufgabe ist es, unsere Zielgruppen – die Talente, die besten Kandidaten auf dem Bewerbermarkt, die Experten auf ihren Gebieten – zu verstehen und themengerecht zu adressieren. Ihre Sprache ist deren Sprache, sie bewegen sich an denselben Orten und verstehen, welches die tatsächlichen Anliegen dieser Menschen sind. Sie sind die neue, direkte Verbindung zwischen der Zielgruppe und den Unternehmen. People Influencer müssen daher auch das eigene Unternehmen genau kennen und wissen, welche Kompetenzen benötigt werden. Ihr Talent ist es, mit authentischen Beiträgen und guten Inhalten sich selbst und die Unternehmenskultur so darzustellen, dass die richtigen und passenden Talente angesprochen werden.

Unsere Erfahrung
Instagram, LinkedIn und TikTok sind – wer hätte es gedacht – die idealen Orte für People Influencer. Es gibt auch Hypes, die wieder abflachen oder wer ist noch auf Clubhouse unterwegs? Wir persönlich haben damals einige gute Kontakte aufgebaut auf der Plattform, nutzen diese aber schon lange nicht mehr. Trotz allem glauben wir, dass sich auch die kurzfristige, strategische Präsenz auf solchen Kanälen lohnt.

Von Chancen und Risiken
Social Media gibt viele Informationen preis. Zum einen über unsere potenziellen Zielgruppen: Wer sind sie, welche Themen diskutieren sie? Aber auch über unsere Konkurrenz: Wie geht sie vor, welche Themen bearbeitet sie? Um erfolgreich zu sein, müssen Unternehmen dringend lernen, daraus einen Nutzen zu ziehen.

Was bei jeglichen Tätigkeiten auf Social Media aber oft vergessen geht: Dies alles kostet Zeit und Geld. Die Sichtbarkeit und die Interaktionsmöglichkeiten auf Social Media sind Gold wert, bringen aber auch Verantwortung mit sich. Jeder Post, jeder Beitrag, jede Interaktion sollte geplant und durchdacht sein. Und bei den heute unzähligen Plattformen – von Instagram über TikTok und X, Youtube, LinkedIn und so weiter und so fort – gilt es, sich nicht zu verzetteln, konsequent Trends zu scouten und zu überprüfen, ob sie für einen selbst und das Unternehmen Sinn machen und falls ja, wie man sie am besten einsetzt.

Start Small
- Checkt, wer in eurem Team Social Media affin ist (solltet ihr keine eigene Marketing / Employer Branding Abteilung haben) und Lust hat, etwas Neues auszuprobieren.
- Probiert verschiedene Plattformen aus und messt die Social Media Aktivitäten nach ihren Erfolgen, um Entscheidungen über die verschiedenen Kanäle zu treffen.
- Meldet begeisterte Mitarbeiter für Branding Trainings an, wie man sich auf LinkedIn oder anderen Tools positioniert. Dies hilft, Berührungsängste zu überwinden.

4.4   Entwicklung schlägt Leistungsmessung

Wir wollen hier nicht lange um den heißen Brei reden: Der klassische Performance Management Prozess hat in einem modernen Unternehmen keinen Platz mehr.

Worum geht es? Unter Performance Management versteht man die angebliche Steuerung und Kontrolle der Unternehmensleistung. Dieser Prozess wurde in den Unternehmen jahrelang gepredigt und ist leider bis heute vorherrschend. Dabei werden Anfang des Jahres individuelle Ziele top-down definiert, und theoretisch gibt es dazu ein Halbjahres- und ein Jahresendgespräch. Tatsächlich dauert die Zieldefinierung im Top-Management meist bis März. Diese Ziele werden dann in einem mühsamen und zeitaufwendigen Prozess heruntergebrochen auf Team- und Mitarbeiterebene, was weitere sechs bis acht Wochen in Anspruch nimmt. Bereits im Juni beginnen dann die Halbjahresgespräche, in denen Mitarbeitende Feedback erhalten auf eine Arbeit, die sie eben erst aufgenommen haben. Wenn nicht bereits bis zu diesem Punkt, werden die Ziele spätestens im Juli auf neue Gegebenheiten angepasst – das dynamische Marktumfeld lässt grüßen. Diese Anpassung wird aber nur selten dokumentiert, sodass man am Jahresende eine Beurteilung zu Zielen erhält, die nirgends mehr schriftlich vereinbart wurden. Daraus resultiert möglicherweise noch ein Rating, woraus sich der individuelle Bonus ableitet. Bei der Ratingverteilung legt man dann noch die „Gaußsche Kurve" zugrunde, sprich, nur ein Teil darf überhaupt das beste Rating bekommen, ein Großteil ist im Mittelfeld und schließlich gibt es noch die schlechten Ratings, die ebenfalls verteilt werden sollen.

Der Aufwand, der in diese Prozesse gesteckt wird, ist immens. Dabei ist er deutlich zu komplex und schwerfällig für eine VUCA[2] Welt. Die wenigsten Mitarbeiter gehen hoch motiviert aus diesem Prozess hervor, da viele ihn nicht glaubhaft finden. Die meisten gehen davon aus, dass

---

[2] VUCA = Das VUCA-Modell beschreibt die Veränderungen in der heutigen (Arbeits-)Welt. VUCA steht für volatility (Volatilität), uncertainty (Ungewissheit), complexity (Komplexität) und ambiguity (Ambiguität). Diesen Begriff zu kennen ist wichtig für Unternehmen und Führungskräfte, um auch entsprechend agil auf die Veränderungen reagieren zu können.

weniger ihre Leistung bewertet wird, als vielmehr ein Bonustopf verteilt wird. Tatsächlich haben wir einige Führungskräfte erlebt, die ihr Feedback so anpassen, dass sie die Bonusverteilung besser erklären können.

Selbst die kleine Gruppe der sogenannten High Performer kann den Prozess des Performance Managements als Stress empfinden. Da wiegt die Sorge, einmal nicht zu dem obersten Prozent zu zählen, höher als die Freude über das positive Feedback oder über den Bonus.

Wenn man sich dann noch anschaut, dass individuelle Boni die Performance reduzieren können, muss man sich schon die Frage stellen, warum wir so krampfhaft an diesen Prozessen festhalten.

Leistung soll sein – aber wir müssen sie anders managen
Für ein Unternehmen ist es wichtig, engagierte und kompetente Mitarbeiter im Team zu haben. Daher sollte man ein Interesse haben, alle Mitarbeiter konsequent zu fördern und zu entwickeln. Statt ihnen einen Stempel zu verpassen als „Sehr gut", „Mittel" oder „Schlecht", sollte man konsequent daran arbeiten, wie die Mitarbeiter noch besser werden können.

Den Prozess gemeinsam durchlaufen, Entwicklung ermöglichen
Ein erster Schritt könnte sein, Ziele gemeinsam zu definieren. Das hat mehrere positive Effekte. Unter anderem ist es die perfekte Gelegenheit, Mitarbeitern die Strategie und Richtung der Firma zu erklären. Indem man sich gemeinsam damit beschäftigt, wie diese genau erreicht werden, schafft man auch ein deutlich besseres Verständnis, welchen Beitrag man persönlich leisten kann. Die gemeinsame Festlegung der Ziele hat auch einen ungeheuren Einfluss auf das Commitment, diese Ziele auch zu erreichen.

Ziele müssen auch zeitlich deutlich flexibler werden und sollten sich nicht in starre Jahrespläne pressen.

Und warum nicht die Zielerreichung gemeinsam bewerten? Haben wir das erreicht, was wir uns vorgenommen haben? Wir haben dies über mehrere Jahre ausprobiert und dabei nie erlebt, dass sich Teams selbst nur Bestnoten geben, auch wenn sie die Möglichkeit dazu hätten.

Unsere Erfahrung zeigt dabei eindeutig: Teams sind sehr wohl in der Lage, sich selbst und die eigene Leistung kritisch zu beurteilen. Eine vertrauensvolle Diskussion, warum man Ziele nicht oder nicht ganz erreicht hat und was man besser machen kann, ist deutlich besser als mit einer Schulnote „beurteilt" zu werden.

Fortgeschrittene Teams können auch nach der Atmosphäre – oder der psychologischen Sicherheit – im Team fragen: Wie haben wir als Team zusammengearbeitet und was können wir verbessern? In einer Welt, in der man immer stärker vernetzt arbeiten muss, ist das deutlich sinnvoller als nur auf das Individuum abzustellen.

Auch darin, wie wir Feedback geben, besteht dringend Handlungsbedarf. Feedback-Gespräche sind meist der Versuch einer Leistungsbeurteilung und dienen dazu, den Mitarbeitenden einzuteilen und den größeren oder kleineren Bonus oder eine stattfindende oder nicht stattfindende Gehaltserhöhung zu erklären.

》 **Das müssen wir dahingehend ändern, dass Feedback den Mitarbeitenden hilft, sich zu entwickeln, zu verbessern und zu wachsen: Potenzialentfaltung anstatt Leistungsbeurteilung.**

Feedback zu geben, ist wichtig. Wir sollten es oft geben, wir sollten es sofort geben – aber wir sollten die Richtung ändern. „Feedback und Feedforward" ist das Motto: wertschätzend, positiv, respektvoll und mit dem Mindset, die Mitarbeiter in ihrer Entwicklung zu unterstützen. Es soll nicht um Schubladisierung oder um Notenverteilung gehen, sondern darum, Stärken zu benennen und gemeinsam zu definieren, wie diese Stärken gefördert werden können. Und nochmals – man kann es nicht oft genug betonen: Auf die toxische Verknüpfung von Leistungsbeurteilung und Bonus sollte verzichtet werden!

Ja, sich vom klassischen Performance Management zu verabschieden, bedeutet einmal mehr, Bekanntes hinter sich zu lassen und Neues zu versuchen.

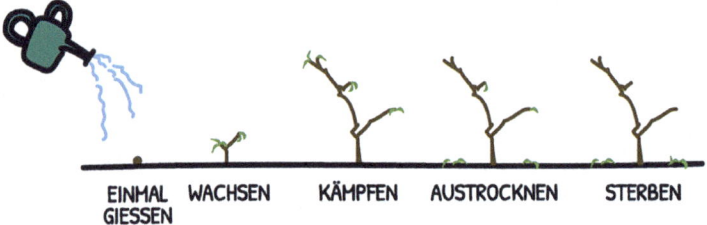

EINMAL   WACHSEN   KÄMPFEN   AUSTROCKNEN   STERBEN
GIESSEN

ENTWICKLUNG DURCH STETIGE PFLEGE

Start Small

- Definiere und überprüfe Ziele gemeinsam im Team. Es müssen keine Jahresziele sein, sondern für den Zeitraum, den es braucht.
- Stelle sicher, dass alle Mitarbeiter im Unternehmen entwickelt werden, nicht nur der sogenannte Talent Pool.
- Performance Management ist noch eine Glaubensfrage, daß man damit tatsächlich zu besserer Leistung kommt. Lies dir Studien dazu durch. Das Gegenteil kann der Fall sein. Dies wird vermutlich die härteste Nuss zu knacken sein, hier Gehör zu finden.

- Ändere deine „Feedback"-Kultur. Wenn der Tenor ist „Ich möchte dich für die Zukunft entwickeln", erreicht man mehr als mit „Ich bewerte deine Leistung der Vergangenheit".
- Führe regelmäßige retrospektive Sessions ein mit dem Ziel „Wie können wir besser werden". Feedback sollte nicht nur einmal im Jahr gegeben werden. Feedback ist auch nicht nur von Führungskraft zu Mitarbeitenden, sondern kann durchaus umgekehrt gegeben werden oder im Team.
- Starte damit, euren aktuellen Prozess zu hinterfragen, wenn ihr in jährlichen Zyklen arbeitet. Denkt darüber nach, mit Monatszielen oder Quartalszielen zu arbeiten.
- Zur Unterstützung des Wandels können wir den Maturitäts-Zyklus von Professor Hilb (2017) von der Universität St. Gallen empfehlen. Dies ist ein hilfreiches Tool für Führungskräfte, um Entwicklungspotenziale zu diskutieren, ohne Mitarbeiter in eine Schublade zu stecken.

Lesetipp

- Hilb, M. (2017). Integriertes Personal-Management: Ziele – Strategien – Instrumente. 21. Auflage

Weiterführende Literatur

- Bühler, S., Weibel, A., Oertig, M. (2018). Trends im Performance Management. HR Today, 1&2/2018: Performance Management. https://www.hrtoday.ch/de/article/trends-im-performance-management
- Sinek, S. (2022). Trust vs. Performance Management. https://www.youtube.com/watch?v=PTo9e3ILmms Zugegriffen: 9. Mai 2024.

4.5 Der Weg zur fairen Vergütung

Die empfundene Fairness

In Mitarbeiterumfragen zur Zufriedenheit sind die Antworten zu den Gehaltsthemen permanent im unteren Drittel der Zufriedenheitsskala zu finden. Die Gründe dafür sind vielfältig. Vielleicht zeigt sich ein Mitarbeiter aus strategischen Überlegungen unzufrieden frei nach dem Motto: „HR wird mir nächstens keine Lohnerhöhung geben, wenn ich mit meinem Lohn bereits zufrieden bin". Oder der Mitarbeitende ist per se zufrieden, hat aber gehört, dass der Kollege – der doch eindeutig weniger leistet und weniger qualifiziert ist – mehr Lohn erhält. Wer könnte da noch zufrieden sein! Oder der Mitarbeitende empfindet seinen Lohn einfach grundsätzlich als unfair.

Die Entlohnung – gefolgt von Titel und Status – ist das emotionale Thema schlechthin in der Arbeitswelt. Die Frage der empfundenen Fairness ist kritisch. Unzufriedenheit in der Vergütung beruht tatsächlich oft darauf, dass Mitarbeitende vergleichen. Was gibt der Markt her, wie werden die Teammitglieder vergütet, was erhalten Kollegen mit vergleichbaren Kompetenzen? Es stellt sich schnell das nagende Gefühl ein, unfair behandelt zu werden. Ist es einmal da, lässt es sich schwer wieder abschalten.

Gibt es eine objektive Fairness?
Lohngerechtigkeit ist eine echte Knacknuss. Ehrlich gesagt kennen wir kein Modell, das über jeden Zweifel erhaben ist. Es ist tatsächlich fraglich, ob sich überhaupt eine Situation herstellen lässt, die alle Beteiligten als fair bezeichnen würden. Trotzdem müssen wir uns dem zumindest annähern.

Beim Basislohn spielen oft Angebot und Nachfrage eine Rolle. Muss ein Unternehmen händeringend nach einer Fachkraft suchen, dann ist es bereit, einen höheren Lohn zu bezahlen. Dies allerdings nur für die Neueinstellung, nicht für alle Kollegen mit der gleichen Qualifikation. Besteht jedoch ein Überangebot an qualifizierten Kandidaten, dann drückt dies gegebenenfalls den Grundlohn. In bestimmten Branchen oder Industrien findet man oftmals eine höhere Lohnstruktur (z. B. in Großbanken), während in kleinen Start-ups oder gemeinnützigen Organisationen eventuell weniger gezahlt wird. Ist das fair? Das Einstiegsgehalt ist in vielen Firmen vom individuellen Verhandlungsgeschick des Bewerbenden abhängig. Es ist kein Geheimnis, dass sich damit große Lohnunterschiede erklären lassen. Von dem unterschiedlichen Verhalten bei Frauen und Männern in Lohnverhandlungen gar nicht erst zu reden. Ob das als fair empfunden wird? Wohl eher nicht.

Bei der variablen Vergütung gilt es mehrere Komponenten zu bedenken. Ihr erinnert euch, dass individuelle Leistungsboni die Performance verschlechtern können? Dies ist schon mal der erste Gedanke, den man im Hinterkopf behalten sollte. Aber es gibt weitere: Hat man zum Beispiel Prozentsätze des individuellen Gehalts als Bonus definiert, kann ein bereits vorhandener Lohnunterschied im Basislohn zu einer noch größeren Lohnschere im Bonus führen. Und wieder stellt sich die Frage der Fairness.

Fairness-Studie bei Affen
Ohne dass wir Menschen mit Affen vergleichen wollen, möchten wir doch auf eine spannende Fairness-Studie mit Affen hinweisen. Der Ablauf ist der Folgende: Affe A erledigt brav seine Aufgabe und erhält dafür ein Stück Gurke. Affe B erhält für dieselbe Aufgabe eine Traube – viel leckerer! Affe A stutzt. Erneut wird ihm für die Erledigung seiner Aufgabe eine Gurke angeboten. Aber nun verweigert er diese Belohnung. Er hat eine Ungerechtigkeit in der unterschiedlichen Behandlung empfunden und wehrt sich dagegen (de Waal, 2015).

Die Parallelen zur Arbeitswelt sind offensichtlich: Fairness, oder was als fair empfunden wird, entscheidet über die tatsächliche Zufriedenheit und die Leistungsbereitschaft. Als Firma sollten wir uns dringend um Lohngerechtigkeit bemühen.

Lohngerechtigkeit gestalten
Aus unserer Erfahrung kann man mit den folgenden Grundsätzen näherungsweise faire Lohnverhältnisse schaffen:

1. Modell
   Löhne dürfen nicht aus dem Bauch heraus verteilt werden. Ihr braucht ein Modell, das eure Entscheidungen begründet. Zur Ausgestaltung des Modells könnt ihr die Mitarbeitenden in einem Design Thinking Prozess einbeziehen. So stellt ihr den buy-in in der Belegschaft für das Modell sicher.

2. Fairness

Eurem Modell muss der Gedanke der Fairness zugrunde liegen. Fairness heißt dabei nicht, dass jeder das gleiche bekommt, aber dass es einen nachvollziehbaren, objektiven Grund für die Ungleichbehandlung gibt.

3. Transparenz

Erklärt das Modell, die geltenden Richtlinien und den zugrunde liegenden Fairness-Gedanken den Mitarbeitenden transparent, offen und aktiv. Geheimniskrämerei im Bereich Lohn schürt immer und sofort Argwohn und das Gefühl, ungerecht behandelt zu werden.

4. Keine Ausnahmen

Haltet euch an eure Richtlinien! Ausnahmen gelten nicht, außer, sie werden in einer zusätzlichen Regel erklärt.

Ein Beispiel

Es macht Sinn, bei der Erarbeitung eines transparenten Entlohnungsmodells alle Positionen zu erfassen und zu beschreiben. In unserem Beispiel unterteilten wir jede Position in vier Entwicklungsstufen anhand Erfahrung und Können: vom Junior bis zum Experten.

In einem nächsten Schritt vergleicht ihr alle Positionen mit dem Markt. Entscheidet euch für eine bestimmte Anzahl von Gehaltsbändern und ordnet alle Positionen jeweils einem Gehaltsband zu. Die Bänder helfen, Gehälter anhand der Parameter „Marktvergleich", „Erfahrung" und „Unternehmensbeitrag" zu definieren. Die Gehaltsbänder solltet ihr einmal jährlich der Marktentwicklung anpassen. Hat man keine Marktdaten, hilft es bereits, sich anzuschauen, was Kandidaten verlangen. Der Fairness-Gedanke in unserem Beispiel-Modell war, dass alle Kollegen mit den gleichen Positionen und Entwicklungsstufen im gleichen Band bezahlt werden, auch Neueinstellungen.

Bei der variablen Vergütung gibt es ebenfalls neue Ansätze. Das folgende Beispiel haben wir selbst schon eingeführt. Der Fairness-Gedanke in diesem Modell war, dass wir nur gemeinsam erfolgreich sein können. So führten wir sogenannte "Success Share Units" ein, deren Auszahlung an jährliche, gemeinsame Unternehmensziele geknüpft war. Jeder Position wurde eine Anzahl von "Success Share Units" zugeordnet, die je nach Zielerreichung mit einem Wert multipliziert wurden. Alle Mitarbeitenden auf derselben Position erhielten den gleichen Betrag. Die öffentlich zugängliche Anzahl der "Success Share Units" für die einzelnen Positionen, der Zielwert und der monatliche Zielerreichungsgrad schaffen die notwendige Transparenz.

Zusätzlich führten wir einen "Extraordinary Achievement Award" zur Honorierung außerordentlicher Leistung ein. Die Zahlung erfolgte immer dann, wenn irgendeine Führungskraft einen Mitarbeitenden für diesen Award nominierte und ein Komitee über die Auszahlung entschieden hatte. Die Zahlung erfolgte unterjährig, möglichst nahe an den Zeitpunkt der besonderen Leistung geknüpft. Nominierung als auch Entscheidung könnte man übrigens komplett in Mitarbeiterhand geben. Wir haben es ausprobiert, aber tatsächlich hat es sich als gar nicht so einfach für die Mitarbeitenden herausgestellt (Birkner, 2020).

Alles in allem gibt es einige neue Ansätze in der Vergütung und es ist ermutigend zu sehen, dass derzeit verschiedene Modelle ausprobiert werden. Das einzig wahre Modell mag es vielleicht (noch) nicht geben, aber mit den oben genannten Ansätzen geht man sicherlich in die richtige Richtung.

Lesetipp

- Birkner, G. (2020). Avaloq: Success Sharing statt individuellen Bonus https://www.personalwirtschaft.de/news/verguetung/avaloq-success-sharing-statt-individuellen-bonus-148874/ Zugegriffen: 9. Mai 2024
- de Waal, F. (2015). Affen wollen Trauben – keine Gurken. Welt.de https://www.welt.de/videos/video145802995/Affen-wollen-Trauben-keine-Gurken.html Zugegriffen: 9. Mai 2024.

4.6 Das Zeugnis Dilemma

Warum Zeugnisse mittlerweile Blödsinn sind

Das Arbeitszeugnis – ein schwieriges Thema! Die Erstellung ist mit erheblichem Aufwand verbunden, das Ergebnis selten befriedigend und ebenso selten zielführend. Bei vielen Bewerbungen werden nach wie vor Zeugnisse verlangt. Der Kandidat ist also darauf angewiesen. Aber Hand aufs Herz: Wer liest ein Zeugnis komplett durch, und wer stützt seine Entscheidung darauf, ob er einen Kandidaten einstellt oder nicht? Wir schon lange nicht mehr. Mit dieser Aussage wollen wir niemanden vor den Kopf stoßen. Sie gilt vermutlich gar für die meisten Personaler und Führungskräfte und ist Ausdruck dafür, dass niemand davon ausgeht, in den Arbeitszeugnissen valide Referenzen zu finden.

Das Problem von Glaubwürdigkeit, Deutung und Subjektivität
In Deutschland und der Schweiz sind Zeugnisse Usus, welche die Arbeitsbestätigung mit einer Leistungsbeurteilung verknüpfen. Dabei gilt, dass ein Zeugnis wohlwollend formuliert sein muss. Österreich lässt keine Eintragungen zu, die dem Angestellten die Erlangung einer neuen Stelle erschweren. Kritik ist also nicht vorgesehen. Dies schmälert unweigerlich die Glaubwürdigkeit. Aus Bequemlichkeit, aber vor allem, um Risiken und rechtliche Konsequenzen zu vermeiden, stellen Unternehmen auch dann lobende Zeugnisse aus, wenn sie von den Kompetenzen des Mitarbeitenden nicht überzeugt sind. Zu groß ist die Gefahr, dass der Mitarbeitende auf Plattformen zur Arbeitgeberbewertung schlechte Ratings und vernichtende Kommentare hinterlegt, oder noch schlimmer, dass der Streit um ein Arbeitszeugnis vor Gericht endet.

Neben diesem Glaubwürdigkeitsproblem haftet dem Zeugnis ein weiteres an: jenes der Deutung. Die Bewertungen sind oft gespickt mit feinen Unterschieden, die zu entschlüsseln niemand mehr wirklich im Stande ist. Gibt es einen qualitativen Unterschied zwischen „Der Mitarbeitende war stets zuvorkommend" vs. „Der Mitarbeitende war immer zuvorkommend"? Nicht einmal Personaler wissen, ob der letzte Arbeitgeber mit seiner Wortwahl etwas beabsichtigt. Und der betroffene Mitarbeitende weiß es nota bene auch nicht. Er tappt bezüglich der Bedeutung der Formulierungen meist im Dunkeln. Misstrauen gegenüber dem Zeugnis herrscht somit auf allen Seiten.

Wir müssen uns auch fragen: Hat ein Arbeitgeber tatsächlich Anspruch darauf, zu erfahren, wie ein anderer Arbeitgeber einen Mitarbeitenden beurteilt? Seien wir ehrlich: Eine Leistungsbeurteilung ist immer subjektiv geprägt, und das Zwischenmenschliche spielt eine beängstigend große Rolle. Antipathie oder Sympathie zwischen Mitarbeitendem und Führungskraft wird sich unweigerlich in der Leistungsbeurteilung niederschlagen.

LinkedIn als Ausweg aus dem Dilemma?
LinkedIn bietet andere Möglichkeiten, sich ein Bild von einem Kandidaten zu machen. Ob diese besser sind? Wohl nur bedingt. Schreibt mir jemand eine schlechte Empfehlung, dann genehmige ich sie nicht in meinem Profil, und niemand wird sie je sehen. Ich selektioniere also in meinem Sinne – und so lesen sich LinkedIn Profile wie Kurzbiographien von Koryphäen. Auch versteckte Motivationen schmälern den Wahrheitsgehalt: Ich gebe jemand eine gute Empfehlung – dafür wird sich die Person sicherlich irgendwann bei mir revanchieren.

Immerhin, wenn ich eine Empfehlung abgebe, dann stehe ich mit meinem Namen dafür. Dies sollte Anreiz sein, nur wirklich Lobenswertes zu loben. Eine gute Empfehlung für eine schwache Performance – dies könnte auf mich selbst zurückfallen. Somit schafft LinkedIn vielleicht ein wenig mehr Glaubwürdigkeit. Aber es bleibt schwierig, denn auf LinkedIn glänzt alles und jeder. Wovon wir jedenfalls dringend abraten, ist, Google-Rezensionen für Personen zu nutzen. Subjektivität und Emotionalität von Beurteilungen wären unermesslich, zu groß wäre auch die Gefahr von Bashing, wie es in den sogenannten sozialen Medien häufig vorkommt.

Wir brauchen verlässliche Prozesse
Wir raten daher, solide Bewerbungs- und Probezeitprozesse zu bauen und diesen dann zu vertrauen. Sprecht mit den Kandidaten und macht euch euer eigenes Bild – darauf ist das Recruiting Team geschult. Falls nötig: Fragt, bei wem ihr Referenzen einholen dürft und führt auch mit diesen Kontakten persönliche Gespräche. Und dann beurteilt, ob das Bild, das ihr von einem Kandidaten erhaltet, auf euer Unternehmen passt. Das Risiko, nicht alles zu erfahren, wird sich nie ganz ausmerzen lassen. Aber mit einer vernünftigen Herangehensweise wird es kalkulier-

bar. Und nicht zuletzt: Korrigiert falsche Einstellungsentscheidungen frühzeitig. Dafür gibt es eine Probezeit (die übrigens für Arbeitgeber wie Arbeitnehmende gilt). Lieber ein schnelles Ende mit Schrecken als ein Schrecken ohne Ende.

Im Übrigen: In manchen Ländern werden reine Arbeitsbestätigungen ohne Leistungsbeurteilung verfasst. Großartig finden wir, die haben verstanden, worauf es ankommt! Nämlich darauf, verlässlich nachzuweisen, dass ein Kandidat tatsächlich an jenem Ort in jener Position gearbeitet hat, wie er es in seinem Lebenslauf angibt. Und das ist es auch, worauf wir mittlerweile in Arbeitszeugnissen ausschließlich schauen. Arbeitsbestätigungen mit Tätigkeitsbeschreibung ohne Leistungsbeurteilung machen durchaus Sinn. Damit spart ihr euch, dem Unternehmen und fairerweise auch den betroffenen Mitarbeitenden jede Menge Zeit und Ärger.

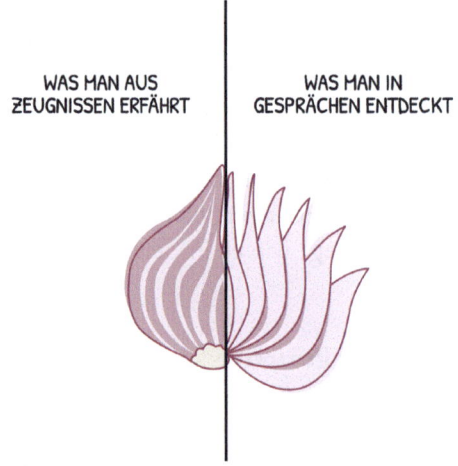

WAS MAN AUS WAS MAN IN
ZEUGNISSEN ERFÄHRT GESPRÄCHEN ENTDECKT

Start Small

• Automatisiert so viel wie möglich und einigt euch als Unternehmen darauf, dass standardmäßig eine „sehr gute Formulierung" verwendet wird und die Führungskraft keine Beurteilung machen muss.

- Macht Ausnahmen nur in wichtigen Fällen und streitet euch nicht um „sehr gut" oder „gut". Wendet einfach den Grundsatz an, eher besser als schlechter zu formulieren.
- Arbeitet mit einem Zeugnistool, das wird euch das Leben leichter machen.
- Checkt, was in eurem jeweiligen Land arbeitsrechtlich möglich ist. Falls Arbeitszeugnisse nicht zwingend notwendig sind, denkt darüber nach, sie abzuschaffen.

4.7 Man sieht sich immer 2×im Leben: Trennung positiv gestalten

Warum der Trennungsprozess so wichtig ist wie die Einstellung
Das kennt wohl jeder Arbeitnehmende: Irgendwann entscheidet man sich, seinen Job zu kündigen, um sich in einer neuen Anstellung zu verwirklichen, um andernorts eine Karrierechance zu packen, um eine Auszeit zu nehmen – die Liste der möglichen Gründe ist lang. Und manchmal verlässt man einen Arbeitgeber unfreiwillig, weil einem gekündigt wurde. Egal, wer wem kündigt, eine Trennung vom Unternehmen ist meistens emotional. Arbeitete man doch oft mehrere Jahre in einem Unternehmen gemeinsam mit Kollegen, mit denen man auch durch Höhen und Tiefen, Lachen und Weinen, Arbeiten und Feiern gegangen ist. Kurzum, die emotionalen Momente sind unzählig, und jeden Arbeitgeber nehmen wir als Teil unserer Identität mit. Die Kündigung erweist sich dabei als echter „Moment that matters". Diesen sollten wir vorausschauend und adäquat gestalten.

Von Emotionen und Reputationsfragen
Der Moment der Kündigung ist immer mit Gefühlen behaftet, bei allen Beteiligten, positiv oder negativ. Der Mitarbeitende, der aus freien Stücken kündigt, empfindet oft Wehmut, verlässt er doch sein Team, dem er sich eng verbunden fühlt. Seitens Unternehmen wird aber sofort das Formale in den Vordergrund gerückt. So sind HR und IT in der Regel damit beschäftigt, sicherzustellen, dass die Firma zurückerhält, was ihr

gehört, dass keine Rechte verletzt werden, die Systeme up to date sind und kein Gehalt mehr gezahlt wird. Und nicht selten wird dem Mitarbeitenden ab dem Moment der Kündigung Gleichgültigkeit oder gar Ablehnung entgegengebracht. Dabei wäre es so wichtig, dass wir gerade in dieser Phase den Menschen abholen, seine Gefühle erkennen, respektvoll mit ihm umgehen und ihm für seine geleistete Arbeit Achtung entgegenbringen.

» Wir sollten in dem Moment der Kündigung nicht Türen zuschlagen, sondern sie für eine nächste Gelegenheit offenhalten.

Gestalten wir den Ablauf nach der Kündigung angenehm, kann sie von allen Beteiligten als der richtige Schritt empfunden werden, ganz gleich, von wem die Kündigung ausging. Wichtig dabei sind Empathie und Wertschätzung in der Gesprächsführung. Im Falle der Kündigung durch den Arbeitnehmer muss es uns zudem ein Anliegen sein, den Grund dafür zu erfahren. Nur so können wir uns verbessern – als Team oder als gesamtes Unternehmen. Die Gespräche rund um den Austritt bieten die Chance, dem Mitarbeitenden glaubhaft zu vermitteln, dass wir seine Kritik hören und daraus lernen wollen.

Zusätzlich sollten wir immer daran denken: Alumni sind für den Employer Brand wichtig. Wenn der Mitarbeitende das Unternehmen verlässt, dann wird er über seine Erfahrungen mit seinen Kontakten sprechen, mit Freunden, neuen Arbeitskollegen, Kunden, aktuellen Mitarbeitenden und potenziellen Kandidaten. Je positiver er den Austritt erlebt, in desto besserem Licht wird er unser Unternehmen zeichnen und dadurch unsere Reputation als Arbeitgeber mit guter Unternehmenskultur pflegen – ein hohes Gut auf dem Bewerbermarkt.

Emotional kann eine Kündigung auch für das zurückbleibende Team sein, denn in seiner Mitte klafft fachlich und persönlich plötzlich eine Lücke. Personaler sollten sich daher bemühen, auch das Team zu begleiten. Gerade in der Übergangszeit sollten wir die Rahmenbedingungen so gestalten, dass das Team leistungsfähig und motiviert bleibt und letztlich die Firma insgesamt möglichst unbeschadet durch die Kündigungsphase kommt. Dazu gehört auch, dass Führungskräfte und ganze Teams lernen, wie wichtig eine anständige Verabschiedung ist, indem man Respekt und gegenseitiges Wohlwollen zeigt.

Kündigungsprozess optimieren
Aber nicht nur die Pflege emotionaler Aspekte ist wichtig. Wir müssen auch den Prozess überdenken, den Mitarbeitender und Führungskraft bei einer Kündigung durchlaufen. Wiederkehrende Fragen gilt es zu standardisieren: Wie gehen wir mit verbleibenden Urlaubstagen um, oder wie kommt der Mitarbeitende zu seinem Zeugnis? Hier können wir Antworten proaktiv liefern, ohne dass sich Mitarbeitende und Führungskraft durchs Intranet scrollen müssen auf der Suche nach den relevanten Informationen. Denn das braucht Zeit und Nerven und macht die Kündigung zum negativen Erlebnis.

Investition ins nächste Wiedersehen
Die Phase der Kündigung so angenehm wie möglich zu gestalten, muss unser Ziel sein. Ganz nach dem Motto: Mach den letzten Tag eines Mitarbeitenden im Unternehmen zu einem seiner besten Tage. Die Mitarbeitenden auch im Moment des Austritts emotional an unser Unternehmen zu binden, das ist die hohe Kunst. So behalten sie ein Interesse, zurückzukommen – nach ihrer externen Weiterentwicklung und mit breiterem Skillset – oder fördern positives Employer Branding. Goldwert für den Recruiting-Pool und die Reputation!

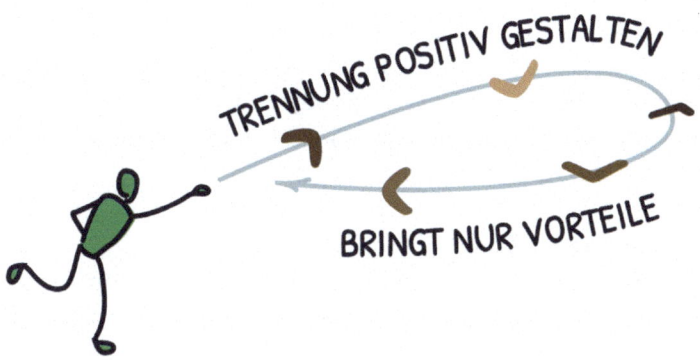

Start Small

- Formuliere ein empathisches Schreiben, das genau erklärt, wie es nun weitergeht für den Mitarbeiter.
- Habt einen eigenen Bereich für Kündigungen auf eurem Intranet, wo alle notwendigen Prozessschritte genau erklärt werden, um es auch hier euren Mitarbeitern so leicht wie möglich zu machen. Dort könnte sogar eine Standard-Kündigung vorformuliert zum Download abgelegt werden. Wir empfehlen, leicht und menschlich zu kommunizieren. Ihr könnt diese Seite auch spielerisch nutzen – „Hast du dir das gut überlegt? Hier sind die Top 10 Gründe, zu bleiben".
- Stellt sicher, dass sich die Führungskraft und das Team verabschieden. Vor allem im Home-Office haben wir es oft erlebt, dass das vergessen geht und es ist so wichtig als Anerkennung.
- Lasst die Mitarbeiter – solange sie noch in der Firma arbeiten und ein gutes Verhältnis mit dem Arbeitgeber haben – weiterhin an allen Themen / Events teilhaben, das ist wertschätzend und wird anerkannt (z. B.: weiterhin an All Company Meetings oder Teamevents).

4.8 Selfcare: Es ist doch wirklich nur ein Job!

Der Wecker klingelt und noch bevor man aus dem Bett ist, sind bereits die ersten Nachrichten gelesen. Der Puls ist schon auf 120. Anschließend aufstehen, 10 Minuten zum Duschen, schnell einen Kaffee trinken oder andere Dinge erledigen und auf dem Weg zur Arbeit bereits die ersten Mails beantworten. Das erste Meeting startet um 8 Uhr, dann Meeting-Marathon bis zum Abend. Dazwischen E-Mails, Anrufe, Chat-Nachrichten, „kurze" Fragen von Kollegen oder dem Chef. Solche Tage kennen viele von uns. Keine Zeit für sich selbst, keine Zeit, um mal 5 Minuten Pause zu machen und innezuhalten.

„Stopp" zu: Zu viel Arbeit
Doch genau dieses Innehalten ist wichtig. Das „Stopp" sagen, das Kundtun von: Ich brauche jetzt mal kurz eine Pause. Warum? Es gibt

nicht den einen Grund, es gibt gleich unzählige Gründe dafür, warum das so wichtig ist. Auf drei davon möchten wir gerne näher eingehen. Erstens: Der Job ist einfach nur ein Job. Sätze wie: „Jeder ist ersetzbar" stimmen in der Realität oft. Die Welt dreht sich weiter, wenn man selbst kündigt oder einem gekündigt wird. Man denkt, es geht nicht ohne einen selbst und doch haben wir es alle schon erlebt: Es geht auch ohne einen selbst. Willkommen in der harten Realität.

Zweitens: Kein Arbeitgeber ist es Wert, dass man sich für ihn zugrunde arbeitet und ausbrennt. Wenn die Grenzen zwischen Privat- und Arbeitsleben verschwinden, wenn man von früh bis spät arbeitet, nur noch das nächste Projekt oder allgemein die Arbeit im Kopf hat, dann kommt etwas zu kurz. Und zwar das eigene Leben und man selbst. Da werden die eigenen Bedürfnisse nicht mehr berücksichtigt, plötzlich arbeitet man über Mittag, am Abend, am Wochenende, ohne dass man ein Ende sieht. Der Stress überträgt sich aufs Privatleben, den Partner, die Kinder, die Familie und auch auf die Psyche. Und dann ist die eigene Welt auf einmal aus den Fugen geraten. Der Stress vermindert die Arbeitsleistung und … Achtung, jetzt ist man voll drin: in der Abwärtsspirale.

» Je zufriedener und ausgeglichener man mit sich selbst ist, je mehr man auf sich selbst achtet, desto besser wird die Leistung in der Firma sein.

Je schneller wir akzeptieren, dass der Tag nur 24 Stunden hat und einfach nicht alles hineinpasst, was man sich vorgenommen hat, desto eher können wir auch „Nein" sagen. Nein zu: „Das muss heute noch erledigt werden". Nein zu: „Ich habe dir über Mittag oder am Abend oder am Wochenende ein Meeting eingestellt".

Drittens: Wissenschaftlich wurde durch Microsofts Human Factors Lab belegt, dass unser Gehirn besser funktioniert und leistungsfähiger ist, wenn man entsprechende Pausen macht (Work Trend Index Special Report, 2021). Ohne Pausen kumuliert sich der Stress. Mit entsprechenden Pausen, z. B. durch Meditation erholt sich das Gehirn und man startet sehr viel erholter ins nächste Meeting. Das bedeutet: Man weiß, was im Gehirn passiert und doch rennen wir im Alltag hektisch von Termin zu Termin und lassen die Pausen weg. Weil wir es noch nicht gelernt und verstanden haben, wie wichtig Pausen und Innehalten wirklich sind.

Nun, jetzt liest sich das alles so einfach. Mal ein wenig „Nein" sagen, und alles wird gut. Meetings optimieren, und ich kann wieder atmen. Pausen machen, und ich kann noch bessere Leistungen bringen. Das ist es aber oft nicht, und das wissen wir alle.

Selfcare: Ja, aber bitte kein Optimierungswahn

„Du bist es dir wert" zieht sich durch Zeitschriften und Social Media, um uns das Sportprogramm, die wirklich besten Ernährungstipps und die ultimative Burn-out-Vermeidungsstrategie zu verkaufen. Am Ende macht das viel Sinn. Jedoch wenn wir die ganzen „Du musst nur 10 Minuten investieren, um den tollen Körper, die Ausgeglichenheit, die Lebensfreude, die beste Leistung im Job und, und, und zu erreichen" umsetzen möchten, dann wird uns schwindlig, denn so viel Freizeit haben wir nicht. Selfcare ist wichtig, aber wir müssen nicht gleich in einen Optimierungswahn verfallen.

Es ist ein sehr individuelles JA zu Dir selbst!

Wie gesagt – die Notwendigkeit, auf sich aufzupassen, ist unumstritten. Auch wenn man weiß, was man tun muss, ist es immer wieder schwer, dies umzusetzen und sich wirklich daran zu halten.

Man sagt sich vielleicht nicht so leicht „Es ist doch nur ein Job", wenn man auf das Einkommen angewiesen ist. Und wie baut man denn die „Me-time" ein, wenn die Kinder rufen oder pflegebedürftige Verwandte Unterstützung benötigen.

Wir möchten hier keine Antworten geben, was man denn nun tun kann. Am Ende muss jeder für sich einen geeigneten Weg finden, denn man selbst steht an erster Stelle, nicht der Job und nicht die Firma. Wie der Weg sein kann, ist natürlich höchst individuell. Das kann die Yogastunde jeden Dienstag sein, der Malkurs am Abend, die Meditations-App zwischen den Meetings, der Spaziergang am Mittag, ein reguläres Gespräch mit dem Vorgesetzten und vieles andere mehr. Insbesondere auch Nachsicht mit sich selbst, immer wieder von Neuem.

Wir drücken die Daumen und freuen uns über jeden Einzelnen, der Selfcare wirklich täglich anwendet.

Start Small

- Vereinbart in eurem Team, dass über Mittag und nach einer gewissen Uhrzeit keine Meetings mehr stattfinden. Vielleicht führt ihr auch den Meeting-freien Mittwoch ein (das darf auch ein Dienstag oder Donnerstag sein oder ein halber Tag).
- Suche dir einen Verbündeten, der dich aktiv fragt: „Hast du heute eine Mittagspause gemacht?", „Was hast du heute für dich gemacht?", „Gehen wir heute Joggen?"
- Mache mal WIRKLICH nichts (und wenn es nur 10 Minuten sind).
- Mache dir bewusst, wann du wirklich glücklich bist und frage dich, was es dafür braucht.
- Selfcare heißt auch, sich zu besinnen, ob der momentane Job der richtige ist. Wenn der Vorgesetzte nicht passt, die Arbeit selbst dir nichts gibt, du eine Situation nicht ändern kannst, dann suche dir etwas Neues – lieber kündigen, anstatt sich weiter aufzureiben. Denn am Ende ist es doch nur ein Job.

Lesetipp

- Work Trend Index Special Report (2021). Research proves your brain needs breaks. https://www.microsoft.com/en-us/worklab/work-trend-index/brain-research/ Zugegriffen: 9. Mai 2024

4.9 Künstliche Intelligenz, ein weiterer Bestandteil der (R)evolution

Revolutionierung des Personalwesens durch Künstliche Intelligenz
In den letzten Jahren hat sich die Geschäftswelt aufgrund von technologischen Fortschritten stark verändert. Unter diesen technologischen Entwicklungen sticht Künstliche Intelligenz (KI) als entscheidender Faktor hervor, insbesondere im Bereich des Personalwesens. KI hat das Potenzial, die Arbeitsweise von Personalabteilungen von der Personalbeschaffung und Mitarbeiterbindung bis hin zum Talentmanagement und zur Entscheidungsfindung neu zu gestalten. Dieses Kapitel untersucht die Integration von KI in HR-Funktionen und hebt ihre Vorteile, Herausforderungen und bewährten Implementierungspraktiken hervor.

Der KI-gestützte Rekrutierungsprozess
Die Personalbeschaffung war traditionell eine zeitaufwendige und ressourcenintensive Aufgabe für Personalabteilungen. Das Aufkommen von KI hat diesen Prozess erheblich optimiert. KI-Algorithmen können unzählige Lebensläufe und Bewerbungen innerhalb von Minuten analysieren und Kandidaten identifizieren, deren Qualifikationen eng mit den Stellenanforderungen übereinstimmen. Darüber hinaus werden KI-gesteuerte Chatbots zunehmend für erste Kandidatenvorprüfungen eingesetzt, um Fragen zu beantworten und die Eignung potenzieller Kandidaten zu bewerten, bevor menschliches Eingreifen erforderlich ist. Dies spart nicht nur Zeit, sondern gewährleistet auch einen konsistenten und unvoreingenommenen Auswahlprozess.

Steigerung der Mitarbeiterbindung und -retention
Die Mitarbeiterbindung und -retention sind für den Erfolg jeder Organisation von entscheidender Bedeutung. KI-gesteuerte Tools können die Stimmung und das Engagement der Mitarbeiter durch die Analyse von Umfragen, E-Mails und sogar Kommunikation auf internen Plattformen erfassen. Diese Erkenntnisse helfen Personalabteilungen, potenzielle Probleme zu identifizieren und proaktive Maßnahmen zur Verbesserung der Mitarbeiterzufriedenheit zu ergreifen.

Darüber hinaus kann KI bei personalisierten Lern- und Entwicklungsinitiativen unterstützen. Durch die Analyse von Lernstilen, Vorlieben und Leistungen der Mitarbeiter können KI-Systeme Schulungsprogramme oder Ressourcen empfehlen, die auf individuelle Bedürfnisse zugeschnitten sind. Dies fördert nicht nur die Kompetenzentwicklung, sondern zeigt auch das Engagement des Unternehmens für das Wachstum der Mitarbeiter.

Leistungsmanagement und Feedback
Das traditionelle jährliche Leistungsgespräch entwickelt sich dank KI weiter. Echtzeit-Feedback und Leistungsnachverfolgung können über KI-gesteuerte Plattformen erleichtert werden. Diese Systeme bieten Managern und Mitarbeitern datenbasierte Einblicke in Fortschritte, Erfolge und Verbesserungsbereiche. Ein solches kontinuierliches Feedback fördert das Wachstum und bringt individuelle Ziele mit den Unternehmenszielen in Einklang.

Zusätzlich kann KI bei der Erkennung von Mustern in Bezug auf Leistungsminderung oder Burn-out helfen. Durch die Analyse von Verhaltens- und Kommunikationsmustern der Mitarbeiter können KI-Systeme Personalabteilungen auf potenzielle Probleme aufmerksam machen, um eine frühzeitige Intervention und Unterstützung zu ermöglichen.

Umgang mit Vorurteilen und ethischen Bedenken.
Während KI zahlreiche Vorteile bietet, ist es wichtig, mögliche Vorurteile und ethische Bedenken anzugehen. KI-Algorithmen sind nur so vorurteilsfrei wie die Daten, auf denen sie trainiert werden. Wenn historische Einstellungsdaten Vorurteile enthalten, kann KI sie unbeabsichtigt aufrechterhalten. HR-Abteilungen müssen eng mit Datenwissenschaftlern und KI-Experten zusammenarbeiten, um Algorithmen zu entwickeln und zu optimieren, die Vorurteile minimieren.

Transparenz ist ein weiterer entscheidender Aspekt. Die Mitarbeiter sollten verstehen, wie KI in Personalprozessen eingesetzt wird und die Möglichkeit haben, Entscheidungen von KI-Systemen anzufechten oder zu hinterfragen. Eine klare Kommunikation über den Zweck und die Grenzen von KI kann Missverständnisse vermeiden und Vertrauen aufbauen.

Die Zukunft von KI im Personalbereich
Mit der fortschreitenden Entwicklung von KI müssen HR-Abteilungen agil bleiben und Innovationen offen gegenübertreten. Die Zukunft verspricht noch ausgefeiltere Anwendungen von KI, wie etwa vorausschauende Analysen für die Personalplanung, Chatbots für die bedarfsgerechte Mitarbeiterunterstützung und Technologien zur Erkennung von Emotionen zur Einschätzung des Wohlbefindens der Mitarbeiter.

Die erfolgreiche Integration von KI in HR erfordert eine Zusammenarbeit zwischen den Abteilungen, eine sorgfältige Berücksichtigung ethischer Implikationen sowie eine kontinuierliche Überwachung und Anpassung. Durch den Einsatz von KI zur Automatisierung von Routineaufgaben, Verbesserung der Entscheidungsfindung und Förderung des Mitarbeiterwachstums können Personalabteilungen sich in strategische Partner verwandeln, die den organisatorischen Erfolg vorantreiben.

Fazit
Die Verbindung von KI und Personalwesen birgt ein immenses Potenzial, die Art und Weise zu revolutionieren, wie Organisationen ihre Belegschaft verwalten. Von der Personalbeschaffung und Mitarbeiterbindung bis zur Leistungsverwaltung und darüber hinaus kann KI die Auswirkungen von HR verstärken. Eine erfolgreiche Integration erfordert ein Gleichgewicht zwischen technologischem Fortschritt und ethischer Verantwortung. Mit dem richtigen Ansatz kann KI Personalabteilungen dazu befähigen, eine effizientere, integrative und auf die Mitarbeiter ausgerichtete Personalarbeit anzuwenden.

Anmerkung der Autorinnen
Diesen Abschnitt haben wir nicht selbst geschrieben, sondern von ChatGPT schreiben lassen. Es hat uns 3 Minuten Zeit gekostet, den Text zu erhalten. Weitere 15 Minuten haben wir verwendet, um den Text leicht inhaltlich anzupassen.

Original PROMPT

- Write a book chapter about Artificial Intelligence for Human Resources departments

- Translate text to German
- Write text a bit more cooler
- Translate text to German
- Verwende nicht das Wort HR Abteilung, sondern Personalabteilung

KI wird und muss sowohl in Personalabteilungen als auch unternehmensübergreifend integriert werden – was auch bereits oft der Fall ist.

Das Kapitel ist nicht perfekt für uns – dennoch haben wir den Text nicht verändert, da wir das Ergebnis bewusst zeigen wollen. Wenn auch nicht perfekt und wenn man auch den Inhalt überprüfen muss, zeigt es dennoch das unglaubliche Potenzial, das KI für Unternehmen birgt. Für uns ist es keine Option, sich nicht mit Künstlicher Intelligenz auseinanderzusetzen und wir können es nur allen empfehlen, es selbst auszuprobieren und in die tägliche Arbeit zu integrieren.

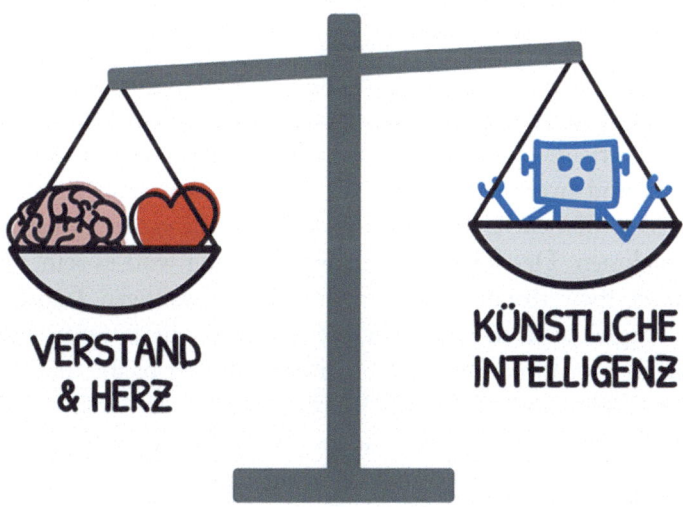

Start Small

- Gehe auf ChatGPT (2024): https://chat.openai.com/ oder eine andere Plattform, es gibt sie wie Sand am Meer.
- Stelle eine Frage oder Aufgabe.
- Abonniere z. B. @evolving.ai (2024) auf Instagram – dort bekommst du die neuesten Tools und Anwendungen vorgestellt und erklärt.
- Übernehme die relevanten Inhalte für deine Arbeit und integriere die KI in dein tägliches Arbeiten (wir haben ChatGPT zum Beispiel täglich offen und in Gebrauch).

Lesetipp

- ChatGPT (2024). https://chat.openai.com/auth/login Zugegriffen: 9. Mai 2024
- EvolvingAI (2024). https://www.instagram.com/evolving.ai/ Zugegriffen: 9 Mai 2024

4.10   Personalabteilungen neu aufstellen

Zur Einordnung vorweg: Wir wissen, dass HR sich wandeln muss, wenn es nicht seine Daseinsberechtigung verlieren will. Wobei, es geht weniger um Daseinsberechtigung. Man sollte keinen Zweck erfinden, um Jobs zu erhalten. Aber – und das ist unumstößlich – HR wird sich verändern, und zwar massiv. Alles, was automatisiert werden kann, wird automatisiert werden. Und generative KI wird HR ganze Aufgabenkomplexe abnehmen. Der Job einer Personalabteilung wird es sein, Organisationen wettbewerbsfähig zu gestalten, die notwendigen Transformationen zu begleiten und deren Mitarbeitende auf die notwendigen Veränderungen vorzubereiten. Und besonders wichtig bleibt und wird es, Talente zu finden und zu halten – allerdings anders als wir es heute tun.

Wir sehen vor allem die folgenden großen Themengebiete, auf welche die Personalabteilung sich bereits heute einstellen muss:

1. Organisationsentwicklung: Wie können wir die Organisation so gestalten, dass sie sich schnell und flexibel auf neue Gegebenheiten einstellen kann?

2. Employee Experience: Wie realisieren wir für aktuelle, potenzielle und ehemalige Mitarbeitende eine bleibende, positive und bindende Erfahrung mit unserem Unternehmen?
3. Automatisierung, Datenanalyse und Einsatz von generativer Künstlicher Intelligenz

Organisationsentwicklung
Wir werden fähige Organisationsentwickler brauchen. Menschen, die sich mit neuen Organisationsmodellen auskennen, die wissen, wie man agile Unternehmen gestaltet und die Transformation auch managen kann. Sie bauen die Basis für ein wettbewerbsfähiges Unternehmen. Diese Organisationsentwickler brauchen kompetente Projektmanager an ihrer Seite, um die Umsetzung professionell und effektiv auszuführen.

Für die Unternehmensentwicklung sind Digitalisierung und Innovation zentral. Um diese zu beschleunigen, werden wir Product Owner benötigen, die sich mit den relevanten Tools auskennen. Zur Digitalisierung gehören auch die unabdinglichen Chatbots, welche künftig automatisierbare Aufgaben bearbeiten.

» Den Wandel vollziehen kann HR aber nicht alleine. Alle müssen ihn wollen. So brauchen wir auch einen entsprechenden Mindset bei allen Mitarbeitenden.

Den Willen, den Status quo zu challengen und Neues auszuprobieren, gepaart mit einer proaktiven Arbeitsweise – das sind Eigenschaften, die Mitarbeitende mitbringen oder lernen müssen. Flexibilität gegenüber Veränderungen ist künftig zentral, jeden Einzelnen darin zu befähigen, wird Aufgabe des People Teams sein. Dazu benötigen wir Veränderungs-Coaches, die Menschen helfen, sich auf sich permanent wandelnde Gegebenheiten immer wieder neu einzustellen. Wichtig bleibt das Profil des Diversity Experten, der eine diverse und unvoreingenommene Zusammenarbeit unterstützt.

Employee Experience

Für eine attraktive Employee Experience müssen wir die richtigen Produkte und Services anbieten können, effektiv und großartig, entworfen, um die tatsächlichen Probleme von Mitarbeitenden zu lösen. Dazu brauchen wir Employee Experience Designer. Das sind kreative Köpfe, welche die Mitarbeiterbedürfnisse verstehen und das Unternehmen besser machen wollen. Gemäß Design Thinking arbeiten sie in einem fortlaufenden Problemfindungs- und Lösungserarbeitungsprozess mit Mitarbeitenden aus allen Unternehmensbereichen eng zusammen. Sie sind immer bereit, Lösungsideen in Form von Prototypen im Business auszuprobieren, um sie dann zu revidieren und noch besser zu machen. Solche iterativen Prozesse sehen wir generell als die Art und Weise, wie Lösungen künftig erarbeitet werden. Der gesamte Problemlösungsprozess bis zur Bereitstellung des Endproduktes wird agil sein, dafür werden vom Scrum Master bis zum Product Owner sämtliche Rollen benötigt.

Neben Produkten und Services, wird die Gesundheit und das Wohlbefinden eine besondere Rolle spielen: Wir müssen das zwischenmenschliche und das individuelle, psychische Wohlbefinden eines jeden Mitarbeitenden im Auge behalten und fördern. Es ist nicht nur ein soziales, es ist auch ein wirtschaftliches Interesse, dass alle gesund und gemeinsam leistungsfähig bleiben.

Für die Talentsuche werden wir Talent Acquisition Rockstars benötigen, die das Business verstehen und unterstützen wollen. Gleichzeitig braucht es Talent Scouts oder Sourcing Manager, die auf dem heiß umkämpften Bewerbermarkt die Besten direkt ansprechen – mithilfe von Künstlicher Intelligenz. Im Rahmen des Employer Brandings sehen wir Bedarf für weitere Rollen: Einen People Influencer, der den Employer Brand positiv beeinflusst. Weiterhin brauchen wir natürlich Social Media Experten, die wissen, wo im Netz das Unternehmen präsent sein muss. Ebenfalls unverzichtbar bleibt ein HR Communication Specialist, der es versteht, sämtliche People Themen verständlich und leicht verdaulich aufzubereiten.

Den Ausschreibungsexperten sehen wir als weitere neue Rolle. Anstatt herkömmliche Arbeitsverträge auszustellen, versteht sich dieses Profil darauf, eine Fluid Workforce aufzubauen. Diese besteht aus Arbeitnehmenden, die mehrere Arbeitgeber haben und punktuell bestimmte Services für diese erbringen.

Employee Experience betrifft auch die Mitarbeiterentwicklung. Hier sehen wir den Einsatz von Talent Brokern, die Mitarbeitende gemäß ihren Stärken und Interessen im Unternehmen optimal einzusetzen wissen. Talent Broker kennen die offenen Positionen in der Firma und die Entwicklungspläne der Mitarbeitenden und können diese vernetzen, sowohl intern als auch in externen Netzwerken.

Automatisierung, Daten & generative Künstliche Intelligenz
Die Automatisierung hat zwar bereits schon lange gestartet, ist aber trotzdem noch nicht angekommen, wo sie sein könnte. Spezialisten für Prozessautomatisierung mit Design Thinking Ausbildung sind somit eine unerlässliche Rolle. Das gleiche gilt für Datenerhebung und Datenanalyse. Auch dies wird seit Jahren gepredigt, ist aber noch sehr weit hinter seinem eigentlichen Potenzial. Das hängt natürlich damit zusammen, dass oft nicht ausreichend investiert wird, aber auch damit, dass viele Personaler gar nicht wissen, wo und wie. Und nun – als wäre das noch nicht genug, kommt die generative Künstliche Intelligenz, also die Generierung von Inhalten aufgrund von vorhandenen Informationen und Vorgaben des Anwenders. Hiermit sollte man sich allerspätestens jetzt auseinandersetzen und Tools auf ihren Einsatz prüfen und anwenden.

Wie wir HR gestalten wollen
Fangen wir mal mit dem Namen an. Schon der Name: HR, Human Resources. Das ist Taylorismus pur. Der Mensch, die Maschine, die Ressource. Eine Welt von gestern. Der notwendige Wandel drängt sich bereits im Namen auf. Heute sollten wir People Team oder People & Culture Team heißen. Aber klar, mit dem Namenswechsel ist es noch nicht getan.

Was wir aber vor allem und ganz zu Beginn brauchen, sind Visionäre in HR Lead Funktionen. Menschen, die etwas bewegen wollen, die eingefahrene Prozesse und „Das haben wir schon immer so gemacht" hinterfragen und sich nicht scheuen, Altbekanntes abzuschaffen.

Uns schwebt eine HR-Abteilung vor, die nicht mehr hierarchisch organisiert ist, sondern in demokratischen Organisationssystemen. Personalabteilungen werden immer mehr in Projektteams umgewandelt – wie das gesamte Unternehmen auch. Einheiten werden sich auflösen, man arbeitet cross-funktional an bestimmten Problemen in direkter Zusammenarbeit mit den Business Kollegen, der IT, Legal und so weiter.

Um agil und schnell zu sein, wird externes Wissen eingekauft oder mit Contractors gearbeitet. Dafür, liebe Entscheidungsträger, sollte für HR auch das Budget zugesprochen werden.

Die neuen HR-Praktiker fokussieren sich auf mehr als nur auf ihren eigenen Bereich. Sie verstehen das gesamte „Ökosystem Mitarbeiter" und orientieren sich in ihrer Arbeit an der langfristigen Unternehmensstrategie und Organisationsentwicklung. Und sie machen mehr als nur ihren „Job", denn sie erfassen die Mitarbeitenden ganzheitlich und haben ihr Ziel immer fest im Blick: Wie befähigen wir den einzelnen Mitarbeiter, damit dieser in seiner Rolle erfolgreich performen kann? Und wie muss die Organisation aussehen, damit der notwendige Rahmen dafür geschaffen wird.

4.11 Sharing Economy für Mitarbeiterthemen

Ohne Netzwerk geht nichts
Ein Unternehmen muss heute über den eigenen Tellerrand blicken, und zwar in allen Bereichen. Die Zeiten, in denen Lösungen strikt im eigenen Haus erarbeitet wurden, sind längst vorbei. Fachwissen, Schlüssel zu jeder individuellen Lösung, ist auf der ganzen Welt verteilt. Um an diese Schlüssel zu gelangen, müssen wir uns vernetzen, Informationen und Expertise teilen und einander unterstützen.

Networking einfach starten: eine kleine Anleitung
Wir wollen gerne konkrete Tipps geben, wie durch effektives Networking Wissen aufgebaut werden kann. Am besten auf der persönlichen Ebene anfangen: Austausch mit Kontakten, mit ehemaligen Arbeitskollegen oder mit privaten Bekannten, die vielleicht die gleiche Position in einem anderen Unternehmen innehaben. Auch ein lockeres Gespräch kann bereits ein wertvoller Wissensaustausch sein.

Die direkten Kontakte sind der Einstieg. Die digitale Welt bietet darüber hinaus natürlich viele weitere Möglichkeiten, sich zu vernetzen. Allen voran LinkedIn, wo leicht mit eigenen Posts auf eigene Themen aufmerksam gemacht werden kann, aber genauso auch verschiedenen, fachspezifischen Gruppen gefolgt werden kann und man sich gezielt informieren und einbringen kann. Generell hält das Internet natürlich einen riesigen Fundus an Know-how bereit. Um hier zu filtern, kann es sinnvoll sein, dass beispielsweise Blogs ausgesucht werden, die dem aktuellen Informationsbedürfnis entsprechen.

„Working Out Loud" (Stepper, 2016) wiederum erachten wir als eine Methode, um sich zu vernetzen und den Wissensaustausch zu pflegen. In einer Gruppe arbeitet man an einem persönlichen Ziel und versucht, mithilfe verschiedener Übungen dieses Ziel innerhalb von zwölf Wochen zu erreichen. Oder sich ihm wenigstens zu nähern. Dabei ist man mit verschiedenen Ansichten konfrontiert und erhält laufend neue Impulse – und genau das macht diese Methode so interessant. Persönlich haben wir damit sehr gute Erfahrungen gemacht. Wir hatten die Gelegenheit, uns in einer Gruppe von Tech-, IT- und HR-Experten auszutauschen. Diese Interdisziplinarität erwies sich als extrem inspirierend. Wir glauben, es wäre spannend, eine Gruppe über verschiedene Firmen hinweg auf diese Weise zu vernetzen und zusammenarbeiten zu lassen.

Sharing Economy im HR – wieso nicht?
Teilen ist mittlerweile selbstverständlich. In so vielen Bereichen setzt sich heutzutage eine Sharing Economy durch: Autos, Häuser, Wohnungen, Büroräume, aber auch einfache Utensilien des privaten Haushalts – alles wird mit anderen geteilt. Wenn es aber um Personalinstrumente, Verträge oder interne Dokumente geht, dann sind wir noch sehr zurückhaltend. Dabei wäre es so einfach, Vertragstemplates und Policies in ein „Open HR" zu stellen und gemeinsam zu verbessern. Oder ist es in Bezug auf Qualität und Effizienz wirklich wünschenswert, dass jede Firma ein eigenes Datenschutz- und Compliance-Programm erarbeitet? Wir meinen: nein.

Und auch bei der Entwicklung neuer oder der Verbesserung bestehender Mitarbeiterinstrumente macht es Sinn, auf Crowdsourcing – die besten Ideen Vieler – zurückzugreifen. Wieso nicht Trainings und Schulungen teilen? So ließe sich sicherstellen, dass die eigenen Mitarbeitenden stets das beste Angebot auf dem Markt nutzen können.

Potenzial sehen wir auch beim Handling von Fluktuation, Entlassung und Neueinstellung von Mitarbeitenden. Wenig optimal erscheint die aktuelle Praxis, dass Unternehmen Mitarbeitende gegebenenfalls einfach entlassen oder passiv abwarten, bis sie von alleine kündigen, anstatt sie aktiv anderen Firmen zu vermitteln. Dass Arbeitnehmende heutzutage im Laufe ihrer Karriere mehrmals das Unternehmen wechseln, ist eine Tatsache. Um dieser zu begegnen, könnte man Netzwerke aufbauen, in denen Skills gesucht und geboten werden.

Um für die Zukunft gerüstet zu sein, werden Unternehmen in den kommenden Jahren vieles ausprobieren und neu entwickeln müssen. Das wird umso besser gelingen, je mehr wir aus Fehlern gemeinsam lernen können. Sich vernetzen, positive und negative Erfahrungen teilen, kollektiv weiterkommen – so lautet die Devise.

MIT NETZWERK GEHT VIEL MEHR

ALLEINE   IM KOLLEKTIV

Start Small

- Wir wollen uns gerne mit dir vernetzen, damit wir alle profitieren können. Hier findest du unsere LinkedIn-Kontakte:
  - https://www.linkedin.com/in/julia-opardija/
  - https://www.linkedin.com/in/christina-huebschen/
  - https://www.linkedin.com/in/cornelia-lass/
- Lasst jemanden aus eurem Team an einem Working Out Loud Circle (Working Out Loud, 2024) teilnehmen und teilt eure Learnings.
- Gehe mal aktiv zu einem Barcamp Event (Wikipedia, 2024).
- Teile eine Best-Practise aus deinem Unternehmen auf LinkedIn.
- Starte Peer-Coaching Sessions mit Peers aus anderen Firmen. Teilt eure Erkenntnisse und euer Wissen zu bestimmten Prozessen oder Tools, sodass die Informationen in euren Entscheidungsprozess einfließen können.

Lesetipp

- Stepper, J. (2016). Working Out Loud: The making of a movement. TEDx Talks.
- https://www.youtube.com/watch?v=XpjNl3Z10uc Zugegriffen: 9. Mai 2024. Das Material unterliegt dem Urheberrecht von John Stepper.
- Wikipedia (2024). BarCamp. https://en.wikipedia.org/wiki/BarCamp Zugegriffen: 9. Mai 2024
- Working Out Loud (2024). https://www.workingoutloud.com/ Zugegriffen: 9. Mai 2024

4.12 Jeder kann HR! Wirklich? Wirklich NICHT

Warum es sich lohnt, seinen Personalern zuzuhören

Stell dir vor, du arbeitest im Produktmanagement und dein neuer Chef ist auf einmal der Chief Operations Officer (COO). Stell dir vor, du arbeitest im Marketing und dein neuer Chef ist auf einmal der Chief Technology Officer (CTO).

Wir gehen davon aus, dass die Mitarbeiter damit nicht wirklich glücklich wären und möglicherweise auch nicht die bestmöglichen Ergebnisse erzielt werden.

Nun stell dir vor, du arbeitest in der Personalabteilung und dein neuer Chef ist auf einmal der Chief Financial Officer (CFO).

Häufig passiert bei HR, was in anderen Unternehmensabteilungen unvorstellbar wäre. Ein fachfremdes C-Level übernimmt das Ruder der Personalabteilung. Wer in einer Personalabteilung arbeitet, hat sicherlich schon einmal erlebt, wie es ist, wenn es jeder besser weiß. Wenn dir jeder erklärt, wie du deinen Job anders machen müsstest, damit die Sache richtig funktioniert, das Projekt glückt. HR befasst sich mit menschlichen Aspekten, die niemandem fremd sind. Das führt dazu, dass bei Personalthemen gerne jeder ein bisschen mitredet. Aber genau dies gilt es zu vermeiden, denn das kostet nicht nur Nerven, sondern über kurz oder lang auch gute Mitarbeitende. Die Arbeit der Personalabteilung zu unterschätzen, wird für ein Unternehmen daher ziemlich schnell ziemlich teuer.

Wir versuchen im HR – wie auch in allen anderen Unternehmensbereichen – die größten Talente auf dem Markt einzustellen. Wenn wir diese Talente an Bord haben, dann sollten wir sie ihre Arbeit machen lassen. Denn wie sonst sollen sie die Kompetenzen, wegen derer wir sie ins Unternehmen geholt haben, einbringen? Wie sollen sie ihr Potenzial entfalten, wenn ihnen jemand mit Expertise auf einem ganz anderen Gebiet vorschreibt, wie sie ihren Job erledigen sollen? Unweigerlich werden Entscheidungen so von den falschen Leuten getroffen. In unserem Fall von solchen, die das HR-Thema eben nicht vollumfänglich erfassen und deshalb auch nicht das ganze Ausmaß einer Entscheidung absehen können. Die Kompetenz eines Personalers liegt ja gerade darin, die Themen im HR zu überblicken, die Herausforderungen zu kennen und die Hintergründe zu verstehen.

Problematisch kommt noch hinzu, dass weitläufig die Meinung herrscht, HR sei in erster Linie Admin-Arbeit, die jeder mal schnell erledigen könne. Administration ist natürlich ein Teil des Berufsbildes, aber HR umfasst noch so viel Wichtigeres. Wir sollten uns fragen: Braucht es nur den CFO, der die Zahlen zu lesen und zu interpretieren weiß, oder braucht es auch den Personaler, der weiß, wie man die Zahlen verbessern kann? Nämlich, wie man eine Organisation agil macht, wie man Silodenken einreißt, wie man Netzwerke baut und Kollaboration ermöglicht, wie man Mitarbeitende befähigt, sich mit einem unternehmerischen Mindset ihrer Aufgabe zu widmen und Verantwortung wahrzunehmen? All dieses Wissen wird ausgehebelt, wenn sich Personaler von fachfremden Kollegen ihren Arbeitsinhalt vorschreiben lassen müssen.

HR gehört in die Geschäftsführung. Zusätzlich zum CFO

Von mutigen HR-Spezialisten, die sich nicht scheuen, neue Konzepte und Denkanstöße einzubringen, könnte das ganze Unternehmen profitieren. Leider werden diese Personaler aber oft kleingeredet. Wir meinen, das C-Level muss dringend verstehen, dass es nicht zielführend ist, sein HR zu überstimmen und ihm im Detail zu diktieren, was es zu tun hat. Niemand sollte seinen Personalern Recruiting erklären oder noch schlimmer, über deren Köpfe hinweg einen verstaubten Performance Management Prozess einführen. Vielmehr sollte eine Unternehmensführung den Mehrwert einer kompetenten Personalabteilung ausschöpfen. Die Personalabteilung muss sich ihrer Verantwortung bewusst sein und die volle Verantwortung für ihren Themenbereich übernehmen.

Die Unternehmensführung sollte Personal zum Teil der Geschäftsführung machen und die Personalleitung die Verantwortung übernehmen lassen – mit allen Konsequenzen. Denn eines ist doch klar: Es gibt keine Produkte, keine Services ohne die Mitarbeitenden, die sie entwerfen und vertreiben. Diese Mitarbeitenden gilt es zu pflegen und optimal einzusetzen – und darin ist der HR-Manager Experte. Er hat die Fähigkeit, das Unternehmen nach vorne zu bewegen, eine positive Atmosphäre zu fördern, Engagement zu ermöglichen; somit Unmut zu mindern und Fluktuation zu minimieren – oder anders gesagt, weil es in manchen Ohren vielleicht am attraktivsten klingt: Der Personaler hat die Fähigkeit, Kosten zu senken.

Personalarbeit ist nicht gleich Kuschelkurs-Programme ausrollen. Personaler liefern echten Mehrwert, indem sie die Basis eines wettbewerbsfähigen Unternehmens bauen und pflegen. Wir empfehlen daher allen Geschäftsleitungen: Stellt die richtigen HR-Profis ein, lasst sie ihren Job machen und kümmert euch um das Kerngeschäft – gemeinsam werdet ihr erfolgreich sein!

4.13 Die (R)evolution startet bei jedem Einzelnen

Der einzelne Mitarbeiter im Zentrum der Veränderung.

Unsere Arbeitswelt verändert sich in einem rasenden Tempo und wer steht im Zentrum dieser ganzen Veränderung? Richtig. Der Mitarbeiter selbst. Eingebettet in ein Team, eine Abteilung, eine Organisation.

» Wir glauben, dass die (R)evolution bei genau diesem einzelnen Mitarbeiter startet.

Egal, ob Führungskraft oder nicht, egal in welcher Abteilung oder welchem Land man arbeitet. Genau dort fängt die Veränderung an, und das muss man sich auch als Führungskraft erstmal bewusst machen.

„Die einzige Konstante im Leben ist Veränderung". Dieses Zitat von Heraklit kennt jeder und haben wir alle schon vielfach gehört. Veränderung ist wichtig und doch fällt es uns teilweise sehr schwer, uns auf Veränderungen einzulassen oder diese anzustoßen. Veränderung heißt, Neues zuzulassen und alte Muster abzulegen, neue Prozesse anzunehmen, neue Mitarbeiter oder einen neuen Vorgesetzten willkommen zu heißen oder ganz generell: Neues lernen.

Manchen Mitarbeitern fällt Veränderung leicht: Sie sind wissbegierig, offen, hungrig, handeln eigen- und mitverantwortlich im Sinne der Unternehmung. Anderen hingegen fällt Veränderung schwer, sie brauchen Begleitung, Anleitung oder eine längere Gewöhnungszeit, um sich innerlich auf die Veränderung einzulassen.

Gerne wird vom Mitarbeiter auch mal über einen Vorgesetzten oder „die da oben" geschimpft. Das ist ziemlich leicht, und ja, es gibt auch genügend schlechte Beispiele. Setzt man es in Kontext, dann schaut es oft anders aus. Die Gründe sind vielschichtig und man muss auch versuchen, sie besser zu verstehen. Was wollen wir damit sagen: Schimpfen ist ok und wird immer mal wieder vorkommen. Aber viel wichtiger ist: Wir sollten uns durchaus mal damit auseinandersetzen, was uns denn so stört als Mitarbeiter und auch versuchen, Gründe für die angestoßene Veränderung nachzuvollziehen. Und wenn ich dann mit etwas nicht einverstanden bin, muss ich das Zepter auch selbst in die Hand nehmen, meine Eigenverantwortung wahrnehmen und Lösungen vorschlagen, anstatt nur immer Probleme zu sehen und zu benennen.

Veränderungskultur gestalten

Erfolgreiche Unternehmen versuchen, die Veränderungskultur so zu gestalten, dass man Mitarbeiter auf dieser Reise mitnimmt und sie explizit ermutigt, selbst Veränderungen voranzutreiben. Manchmal können kleine Schritte schon reichen: indem man sich zum Beispiel im Team darauf einigt, Veränderungswünsche im wöchentlichen Meeting aufzunehmen. Oder dass man als Führungskraft offen ausspricht, dass man auch Angst vor der Veränderung hat, weil man sich in diesem Moment aus der Komfortzone herausbewegt. Hier können Führungskräfte mit gutem Beispiel vorangehen und offen und ehrlich über ihre Gefühlswelt kommunizieren. Weg vom Schein, viel mehr hin zu Authentizität und vielleicht auch zu Verletzlichkeit. Neue Ideen und erfolgreiche Veränderungen sollte man feiern und sie so positiv besetzen.

Wenn man es schafft, solche Rahmenbedingungen zu schaffen, dann kann Veränderung erfolgreich sein und im Unternehmen gedeihen. Dann sagt der Mitarbeiter vielleicht: „Ach, das ist spannend, was meine Kollegen da vorschlagen, lasst uns das ausprobieren!". Wohingegen er vielleicht in einem traditionellen Umfeld sagen würde: „Oh, jetzt kommt der Kollege schon wieder mit einem neuen Vorschlag, das machen wir sicherlich nicht!". Wobei Bereitschaft zur Veränderung keine Altersfrage ist.

Mitarbeiter können Veränderungen auch bremsen, indem sie sich innerlich verwehren. Auch dessen muss man sich als Führungskraft bewusst sein. Dann gibt es unserer Meinung nach zwei Möglichkeiten: Einmal sollte man ernsthaft versuchen, herauszufinden, woher die Sorge vor der Veränderung kommt und eventuell dort ansetzen. Wenn alles nichts hilft und Veränderungen konsequent blockiert werden, kann man sich auch in letzter Konsequenz vom Mitarbeiter trennen. Abhängig von den Anforderungen und Bedürfnissen der Unternehmung und wirklich nur als letzte Maßnahme.

Bewerber auf dem Kandidatenmarkt entscheiden übrigens oft nach genau dieser Veränderungskultur, ob sie einen neuen Job annehmen oder nicht. Wie wird diese im Unternehmen gelebt, werden Veränderungen gefördert oder wird es nur nach außen versprochen? Oft passen traditionelle und veraltete Arbeitseinstellungen nicht mehr mit den Bedürfnissen der Mitarbeiter überein. Sollte ein Bewerber merken, dass dies der Fall ist, wird er sich wahrscheinlich gegen das Unternehmen oder die Führungskraft entscheiden.

Nehmt die Mitarbeiter mit auf die Reise. Ohne sie geht es nicht!

Und für jeden einzelnen Mitarbeiter: Arbeitet mit der Veränderung. Nicht dagegen.

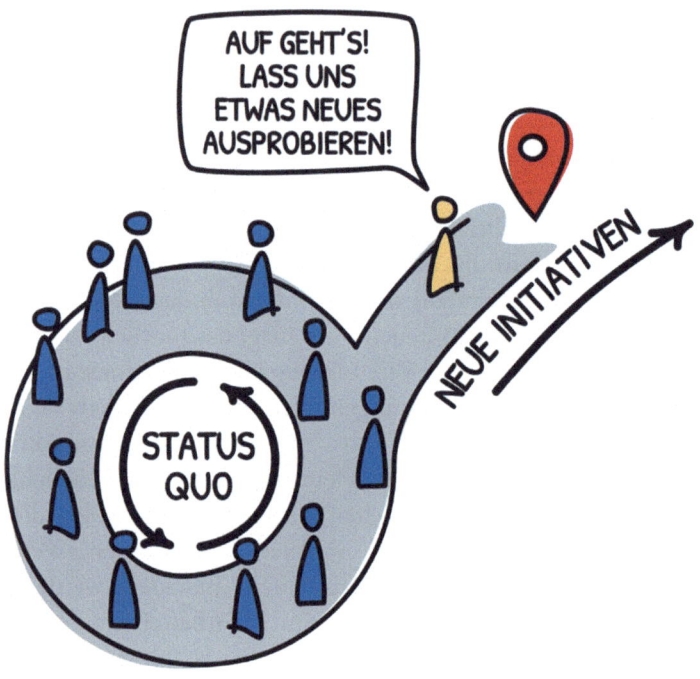

Start Small

Aus Mitarbeitersicht

- Siehst du etwas, was dich stört oder was man ändern könnte, dann starte eine Initiative. Stelle dir vor, dass das deine eigene Firma ist und mache einen Vorschlag, was du ändern würdest.
- Unterhaltet euch darüber, wie Veränderungen oder Change Management bei euch im Team gelebt werden soll. Definiert einfache Spielregeln, wie und wo man Veränderungswünsche vorschlägt und wer sie dann umsetzt, z. B. durch die Nutzung eines Kanban Boards (Kanban Tool, 2024).
- Kümmere dich proaktiv um deine eigene Weiterbildung oder Trainings oder schließe dich mit Kollegen zusammen, um an einem Thema zu arbeiten, das dich interessiert.

- Lese die Zukunftsberichte vom Future Today Institute (2024). Die werden regelmäßig auf den neuesten Stand gebracht und das auch auf Deutsch.
- Lese mal eine Utopie statt dich auf Dystopien zu fokussieren. Zum Beispiel „Geboren für die großen Chancen" von Ullrich Fichtner (2023).

Aus Sicht der Führungskraft

- Checke regelmäßig mit deinen Mitarbeitern den Grad des individuellen Veränderungs-Levels. Sind sie offen für Veränderungen oder brauchen sie Unterstützung von dir?
- Beziehe Mitarbeiter in deine Entscheidungen ein und ermutige sie, selbst mit Veränderungsideen zu kommen.
- Nutze die einfache Veränderungskurve von Kübler-Ross & Streich (2024). Zeige sie im Gespräch mit deinen Mitarbeitern auf und gehe durch die 7 Phasen. Frage zum Beispiel, wo der andere gerade steht oder zeige auf, wo du selbst in der Kurve gerade stehst.
- Mache selbst konkrete Verbesserungsvorschläge, z. B. wie man Prozesse vereinfachen kann.
- Vereinbare mit deinem Team, dass sie zwei Stunden im Monat für Prozessveränderungen oder Weiterbildungen aufwenden können.
- Auf Unternehmensebene kann man mit Change- oder Innovation-Managern arbeiten, die Trainings anbieten oder man kann monatlich die besten Prozessveränderungen im „All Company Meeting" vorstellen.

Lesetipp

- Fichtner, U. (2023). Geboren für die großen Chancen. Über die Welt, die unsere Kinder und uns in Zukunft erwartet. Deutsche Verlagsanstalt.
- Future Today Institute (2024). Future Today Institute Country Scenarios: Germany https://futuretodayinstitute.com/countryscenarios-germany/ Zugegriffen: 5. Mai 2024
- Kanban Tool (2024). What is a Kanban Board? https://kanbantool.com/ kanban-guide/kanban-board Zugegriffen am 5. Mai 2024
- Kübler-Ross, E., & Streich, R. K. (2024). LabSample Change Kurve – 7 Phasen der Veränderung. Collaborationlab.de. https://collaboration-lab.de/labsample/LabSample-Change-Kurve.pdf Zugegriffen am 5. Mai 2024

Literatur

Axelrod, B., Handfield-Jones, H., & Michaels, E. (2001). *The War for Talent.* Harvard Business School Publishing.

Bersin, J. (2014). https://twitter.com/josh_bersin/status/433667214940438530 Zugegriffen am 9. Mai 2024.

Birkner, G. (2020). *Avaloq: Success Sharing statt individuellen Bonus.* https://www.personalwirtschaft.de/news/verguetung/avaloq-success-sharing-statt-individuellen-bonus-148874/. Zugegriffen: 9. Mai 2024

ChatGPT. (2024). https://chat.openai.com/auth/login. Zugegriffen: 9. Mai 2024

de Waal, F. (2015). *Affen wollen Trauben – keine Gurken.* Welt.de https://www.welt.de/videos/video145802995/Affen-wollen-Trauben-keine-Gurken.html. Zugegriffen: 9. Mai 2024.

EvolvingAI. (2024). https://www.instagram.com/evolving.ai/ Zugegriffen: 9 Mai 2024

Fichtner, U. (2023). *Geboren für die großen Chancen. Über die Welt, die unsere Kinder und uns in Zukunft erwartet.* Deutsche Verlagsanstalt.

Future Today Institute. (2024). *Future Today Institute Country Scenarios: Germany.* https://futuretodayinstitute.com/countryscenarios-germany/. Zugegriffen: 5. Mai 2024

Hilb, M. (2017). *Integriertes Personal-Management: Ziele – Strategien – Instrumente.* 21. Auflage

Kanban Tool (2024). *What is a Kanban Board?* https://kanbantool.com/kanban-guide/kanban-board. Zugegriffen am 5. Mai 2024

Kluge, A., & Kluge, S. (2020). *Graswurzelinitiativen in Unternehmen – ohne Auftrag mit Erfolg!.* Vahlen

Kübler-Ross, E., & Streich, R. K. (2024). *LabSample Change Kurve – 7 Phasen der Veränderung.* Collaborationlab.de. https://collaborationlab.de/labsample/LabSample-Change-Kurve.pdf. Zugegriffen am 5. Mai 2024

Minaar, J., & de Morree, P. (2020). *Make work more fun.* Corporate Rebels Nederland B.V.

Stepper, J. (2016). *Working Out Loud: The making of a movement.* TEDx Talks. Das Material unterliegt dem Urheberrecht von John Stepper. https://www.youtube.com/watch?v=XpjNl3Z10uc Zugegriffen: 9. Mai 2024.

Wikipedia. (2024). BarCamp. https://en.wikipedia.org/wiki/BarCamp. Zugegriffen: 9. Mai 2024.

Work Trend Index Special Report. (2021). *Research proves your brain needs breaks.* https://www.microsoft.com/en-us/worklab/work-trend-index/brain-research/. Zugegriffen: 9. Mai 2024
Working Out Loud. (2024). https://www.workingoutloud.com/. Zugegriffen: 9. Mai 2024

Weiterführende Literatur

Bersin, J. (2024) https://joshbersin.com/josh-bersin-biography/. Zugegriffen am 9. Mai 2024.
Bühler, S., Weibel, A., & Oertig, M. (2018). Trends im Performance Management. HR Today, 1&2/2018: Performance Management. https://www.hrtoday.ch/de/article/trends-im-performance-management.
Sinek, S. (2022). *Trust vs. Performance Management.* https://www.youtube.com/watch?v=PTo9e3ILmms. Zugegriffen: 9. Mai 2024.
Wikipedia. (2024). *War for talent.* https://en.wikipedia.org/wiki/War_for_talent. Zugegriffen am 9. Mai 2024

Nachwort

Die Entstehung

März 2021

Der Start unseres Buchprojektes. Los, wir machen das zu dritt!

Wir drei haben uns vor vielen Jahren bei einer großen Beratungsfirma kennengelernt, oft mit- und nebeneinander gearbeitet, in verschiedenen Teams und Initiativen. Unsere Wege kreuzen sich seitdem immer wieder, zuletzt bei einer SaaS-Firma in der Schweiz. Dies war eine Zeit, in der wir uns intensiv mit neuen Arbeitsformen auseinandergesetzt, viel ausprobiert und von Grund auf neu entwickelt haben – faktisch haben wir das Personalwesen der Firma neu erfunden. Wir waren (und sind es immer noch) unglaublich stolz auf diese Zeit und Arbeit. Eine von uns hat den Anstoß gegeben: „So, und jetzt schreiben wir ein Buch über unsere Erfahrung" und die beiden anderen sind sofort eingestiegen. Wir teilen die Begeisterung für neue Arbeitsformen und lieben Herausforderungen und Diskussionen im Personal- und

© Der/die Herausgeber bzw. der/die Autor(en), exklusiv lizenziert an Springer Fachmedien Wiesbaden GmbH, ein Teil von Springer Nature 2024
C. Hübschen, C. Lass und J. Opardija *Workvolution: In 5 Minuten Kultur verändern*,
https://doi.org/10.1007/978-3-658-45513-2

Unternehmensbereich. Wir glauben fest daran, dass man vieles anders machen kann und das relativ schnell, ohne große Komplexität. Wir müssen es nur niederschreiben, für all die CEOs, Führungskräfte und Interessierten.

Mai 2021

Wir definieren unsere „Persona", den Leser für das Buch: Unsere zwei imaginären Führungskräfte, die moderne Führung verstehen wollen, selbst aber in der Sandwich-Position im Unternehmen stecken und einfach keine Zeit haben, sich lange und detailliert mit wissenschaftlicher Lektüre auseinanderzusetzen. Oft haben wir dabei auch an unsere Partner gedacht, die immer eifrig und gerne mit uns diskutieren und präferiert kurze Artikel lesen, um neue Dinge zu lernen und umzusetzen.

Alle Texte und Kapitel sind durch Timeboxings entstanden. Die meisten schriftlich, manche auch als Textaufnahmen. Das muss man sich wie folgt vorstellen: Der Wecker wird auf 20 Minuten gestellt, dann schreibt jede ihre Gedanken und Inhalte auf. Anschließend haben wir uns die Ergebnisse gegenseitig vorgestellt und ergänzt oder gelöscht, wenn wir unterschiedlicher Meinung waren, und uns auf einen gemeinsamen Inhalt geeinigt.

Der wichtigste Schritt: Das Schreiben. Das ist zu dritt gar nicht so einfach. Am Anfang hat jede geschrieben und welch ein Wunder: Drei Individuen, drei Autorinnen, drei Schreibstile. Alle drei waren und sind wir seit der Entstehung des Buches in Vollzeitjobs, teils bei neuen Arbeitgebern, bei denen wir top performen wollen. Zwei von uns haben Familie mit Kindern und natürlich haben wir alle drei sonstige familiäre Verpflichtungen und sind sozial und sportlich aktiv. Wann also die Zeit finden, um nebenbei noch ein Buch zu schreiben? Und das Ganze dann noch in einem konsistenten Schreibstil. Also holen wir Unterstützung: Von der Textredaktorin Fabienne, die es wunderbar schafft, unsere Inhalte in einen konsistenten Schreibstil zu übersetzen.

August 2022

Fast Forward: Im August 2022 nehmen wir einen ersten Kontakt zu einem Verlag auf. Das Feedback ist wertvoll, aber auch eindeutig und teilweise niederschmetternd: Die Struktur fehle, nichts wäre konsistent und der Zeitpunkt ist auch nicht der richtige. Der Ansprechpartner möchte uns das Buchprojekt eher ausreden, anstelle zu verlegen.

Wer uns kennt weiß, dass wir uns Dinge nicht einfach ausreden lassen. Also gehen wir über die Bücher. Ein gemeinsamer Workshop mit Marion im Januar 2023 hilft uns, uns zu strukturieren. Wir brauchen: Mehr Klarheit und einen roten Faden, zusätzliche Inhalte für die Start Small-Hinweise und „mehr Liebe" für das Buchprojekt. Emotional gestärkt kommen wir aus dem Workshop und gehen es erneut an.

Januar 2023 bis März 2024
Der Großteil des Buches entsteht, wir machen Tagesworkshops, Timeboxings, treffen uns virtuell.

Und doch holt uns die Realität wieder ein. Ein erneuter Jobwechsel, gesundheitliche Probleme, einfach gesagt: Das Leben dreht sich weiter, insbesondere auch außerhalb des Buchprojektes. Über Monate war der einzige Punkt, der uns fehlte, ein Inhaltsverzeichnis zu erstellen, von einer bereits bestehenden Struktur. Eine minimalistische Aufgabe im Vergleich zu all den anderen bereits fertiggestellten Dingen.

April 2024
Wir telefonieren und entscheiden: Wir sind bereit für die Attacke: Wir schreiben mit dem (nun erstellten) neu strukturierten Inhaltsverzeichnis sowie einem Textauszug einige Verlage an. Mehrere sind interessiert an einer Veröffentlichung mit uns. Eine Achterbahn der Gefühle! Nach Diskussionen mit allen interessierten Verlagen entscheiden wir uns für den Springer Verlag. Für uns der beste Verlag für unser Buchprojekt. Wir können es nicht erwarten, das Buch in den Händen zu halten!

Mai 2024
Endspurt für die finale Manuskriptabgabe. In knapp 5 Wochen schreiben wir zusätzlichen Inhalt, finden unseren Illustrator Junhan, lassen das Buch von unserer Lektorin Beate lesen und bringen es in das Springer Manuskript Format. Unser Glück waren die vielen Feiertage im Mai, die uns zusätzlich Luft schafften. An die Nachtschichten und viele Telefonate werden wir uns noch lange erinnern. Und auch die Tatsache, dass wir unter Stress und mit einer knallharten Deadline am

besten arbeiten! Aber ganz besonders daran, dass wir schon immer gut zusammenarbeiten konnten und wir alle drei unsere Stärken haben, die sich ergänzen.

Was wir unseren Lesern zuletzt mitgeben möchten:

Manchmal führt der Weg zum Ziel über Umwege und ist verbunden mit zusätzlicher Arbeit, Ausprobieren, Abhaken, Neuorientierung, positiven und negativen Emotionen, eben Workvolution.

Für uns hat es sich gelohnt!

GPSR Compliance

The European Union's (EU) General Product Safety Regulation (GPSR) is a set of rules that requires consumer products to be safe and our obligations to ensure this.

If you have any concerns about our products, you can contact us on ProductSafety@springernature.com

In case Publisher is established outside the EU, the EU authorized representative is:

Springer Nature Customer Service Center GmbH
Europaplatz 3
69115 Heidelberg, Germany

The manufacturer's authorised representative in the EU is Springer
Nature Customer Service Centre GmbH, Europaplatz 3, 69115 Heidelberg,
Germany. If you have any concerns regarding our products, please
contact ProductSafety@springernature.com

Printed and bound by CPI Group (UK) Ltd, Croydon, CR0 4YY

28/04/2026

02098480-0002